A2

Tous à table !

Apprendre le français avec la cuisine

Rodolphe Meidinger, Marcela Dvořáková-Meidinger, Ko Bong-Mann

LES AUTEURS

Rodolphe MEIDINGER :
Enseignant FLE à l'Université Nationale de Chungbuk
rodolphe.meidinger@gmail.com

Marcela DVOŘÁKOVÁ-MEIDINGER :
Enseignante FLE à l'Université de Konkuk
marcela.meidinger@gmail.com

Bong-Mann KO :
Professeur à l'Université Nationale de Chungbuk
hermes6311@chungbuk.ac.kr

Imprimé en Corée du Sud par SHINASA,
4, Tongil-ro 59-gil, Eunpyeong-gu, Seoul, Korea
Inscription publiée : 9-52/05 janvier 1956
Tél : 82-(0)2-382-6411
Fax : 82-(0)2-382-6401
E-mail : shinasa@daum.net
Homepage : www.shinasa.co.kr
Premier tirage : novembre 2019

Prix : ₩ 15,000

ISBN : 978-89-8396-336-9 (93380)

본 도서는 2018년도 충북대학교 대학인문역량강화(CORE)사업의 지원을 받아 출판되었음

Table des contenus

Guide didactique pour les enseignants 4

Leçon 0 : Bienvenue 7

Leçon 1 : Les repas en France 11

Leçon 2 : Le pain à table 21

Leçon 3 : Le royaume des fromages 31

Leçon 4 : Le vin et les vignobles 41

Leçon 5 : Les viandes et les poissons 51

Leçon 6 : Les plats préférés des Français 61

Leçon 7 : Des boissons bien françaises 71

Leçon 8 : Les cafés français 81

Leçon 9 : Les Français à table 91

Leçon 10 : L'histoire de la cuisine française 101

Annexes : Les plats régionaux 111

Solutions et transcriptions 137

Guide didactique pour les enseignants

Tous à Table est un manuel de civilisation française axé sur la gastronomie et l'art de la table. Il s'adresse plus particulièrement à des apprenants du niveau A2 du CECRL. Les contenus linguistiques ont été, dans une large mesure, adaptés pour des apprenants semi-débutants désireux de découvrir la France à travers son patrimoine gastronomique.

Les contenus de civilisation brossent très largement les aspects dominants de la gastronomie et de l'art de la table français : pains, vins, fromages, mise de table, règles de courtoisie, etc. tout en s'attardant sur de nombreuses spécificités régionales. Comme ce sujet est immense et l'exhaustivité impossible, les concepteurs ont fait des choix, mais toujours dans le souci de proposer des contenus simples, afin de les rendre accessibles à un public d'apprenants semi-débutants et ne pas le noyer sous un flot d'informations trop important. Les éléments présentés vont donc à l'essentiel.

Les contenus de cet ouvrage sont répartis en 10 leçons. Chacune d'elle est consacrée à un aspect de la gastronomie française. Ces contenus ne présentent pas de progression linguistique, les enseignants et les apprenants sont donc invités à choisir librement les sujets et les éléments qu'ils désirent découvrir.

Plus qu'un ouvrage purement factuel, ce manuel se présente sous la forme d'un cahier de travail constitué d'une multitude d'activités ludiques à compléter, à cocher, à apparier, à ordonnancer. Il y a des textes, des enregistrements audio et vidéos accompagnés de questions de compréhension. Cette approche didactique réclame, de la part des apprenants, une participation active à tous les moments des cours.

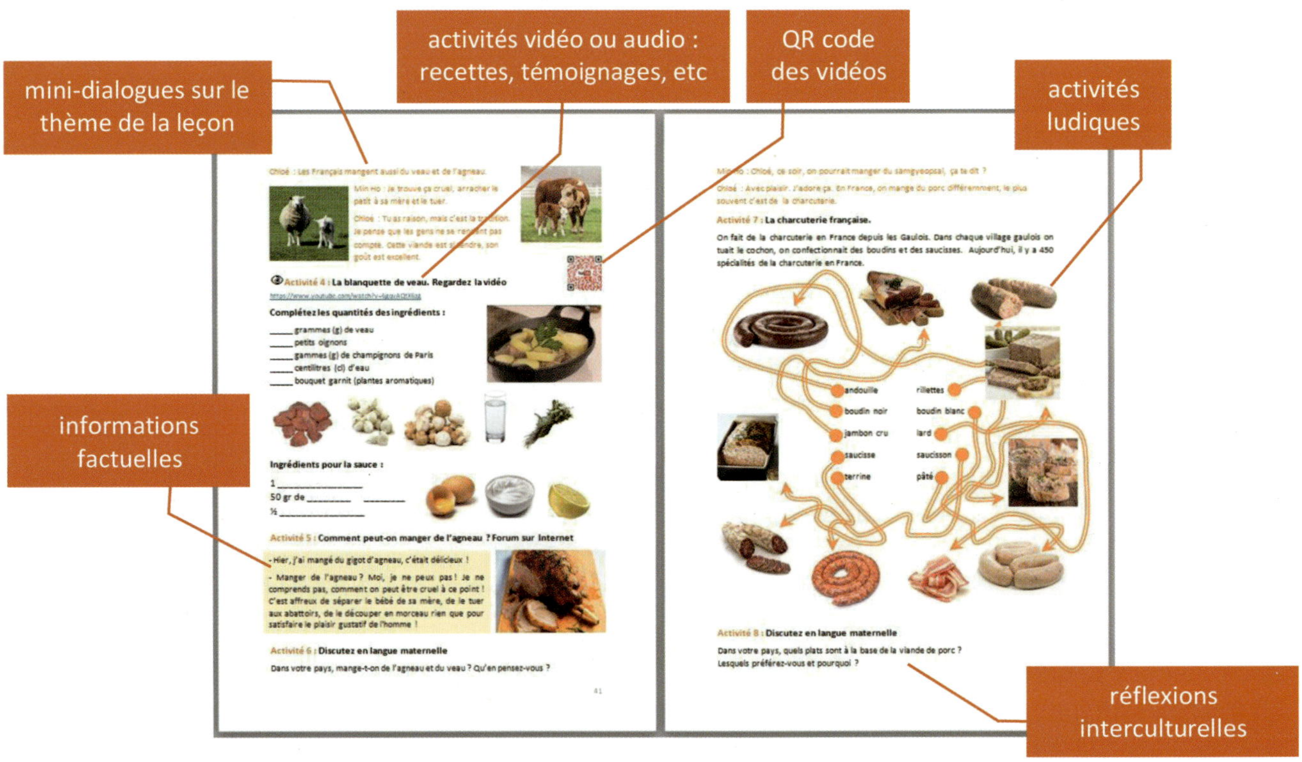

Chaque leçon est composée de six doubles pages se rapportant au thème de la leçon. Ces pages sont émaillées de mini-dialogues entre deux personnages : Chloé, une jeune femme française, et Minho, un jeune homme coréen. Ces mini-dialogues introduisent le thème et apportent des réflexions élémentaires et interculturelles sur la gastronomie. Les documents multimédias (audio et vidéo) sont téléchargeables sur le site de l'éditeur.

Chaque leçon s'achève sur un bilan de connaissances sous la forme d'un quiz, suivi d'une page blanche destinée à la rédaction, en langue maternelle, de ce que les apprenants ont découvert et appris.

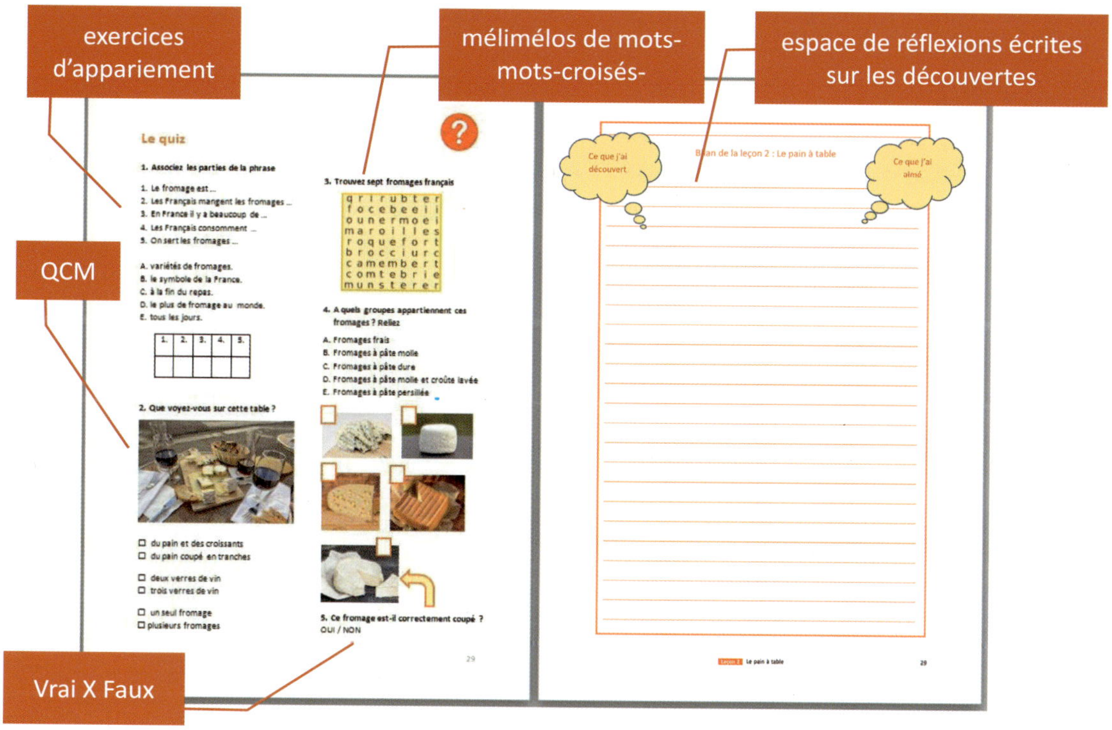

Ces dix leçons d'activités sont suivies de onze doubles pages d'annexes. Les dix premières portent sur les caractéristiques spécifiques des différents terroirs des régions françaises, ainsi que des produits et plats gastronomiques qui leur sont associés. La onzième leçon porte sur les produits et repas de fêtes. L'ensemble est richement illustré pour faciliter la compréhension des contenus.

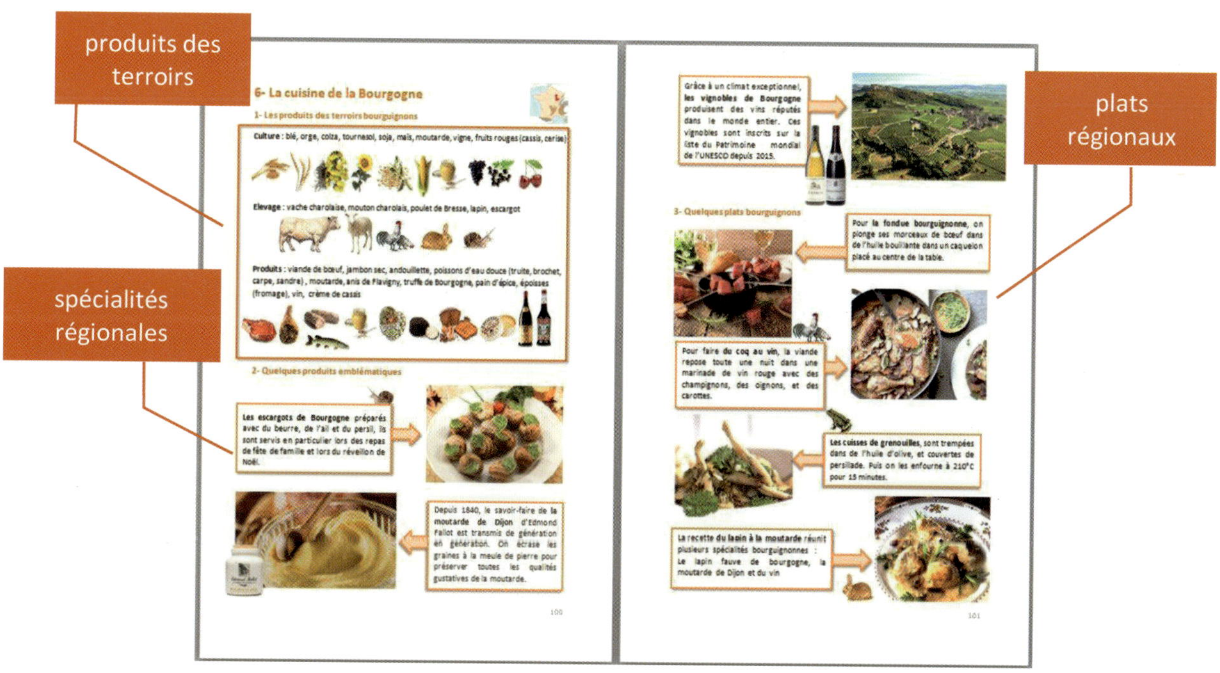

À la fin de l'ouvrage, les concepteurs proposent les transcriptions des activités audio et vidéo ainsi que les solutions de la plupart des activités.

Leçon 0

Bienvenue

Leçon 0 : Bienvenue

Bonjour, je m'appelle Minho et je suis étudiant coréen. J'aime manger. J'adore la cuisine de ma mère et les soirées dans les restaurants du quartier étudiant de mon université. Mais surtout, je rêve de découvrir tous les goûts subtils de la cuisine française !

Salut ! Je suis Chloé et je viens de France. Je suis venue en Corée pour étudier et pour découvrir la culture et la cuisine coréennes. J'aime beaucoup les petits plats qu'on mange dans ce pays formidable !

Un jour, Chloé et Minho font connaissance devant leur résidence universitaire…

- Salut, excuse-moi, tu es française ?
- Oui, je viens de Montpelier, dans le sud de la France.
- Je m'appelle Kim Minho et j'étudie le français dans cette université.
- Moi, c'est Chloé. Je suis en Corée depuis une semaine. Je suis étudiante en échange.
- J'ai passé six mois en France l'an dernier. Et je suis devenu un grand admirateur de la cuisine française.
- Et moi, je viens de découvrir la cuisine coréenne. J'adore !
- On pourrait se faire des soirées gourmandes et échanger nos connaissances culinaires, ça te dit ?
- Volontiers ! On commence ce soir ?
- Pourquoi pas ! Allons-y !

Au restaurant, Chloé et Minho se racontent leurs souvenirs des plats de leur enfance. Ils parlent aussi des restaurants et de leurs plats préférés.

Activité 1 : Racontez un souvenir de plat que vous avez aimé quand vous étiez enfant. Qui l'a cuisiné ? Décrivez ce plat (ingrédients, goûts).

____

____

____

Activité 2 : Connaissez-vous la cuisine française ? Répondez aux questions

1. Quels plats français connaissez-vous ? Lesquels avez-vous mangés et à quelle occasion ?

____

____

2. Citez deux différences entre la cuisine française et la cuisine coréenne.

a/ ____

b/ ____

Activité 3 : Peut-on goûter à des plats français en Corée ? Où ? Lesquels ?

____

____

____

Activité 4 : Quels sont vos plats coréens préférés ? Lesquels voudriez-vous recommander à vos amis étrangers et pourquoi ?

____

____

____

____

kimbap / gimbap

bulgogi

soupe de *doenjang*

bibimbap

tteokbokki

Leçon 1

Les repas en France

Leçon 1 : Les repas en France

Le lendemain de leur sortie au restaurant...

Chloé : Dis-moi, Minho, pourquoi nous avons mangé si tôt hier ?
Minho : Dîner à 18h, c'est l'heure habituelle pour les Coréens.
Chloé : En France, on dîne beaucoup plus tard, vers 20h.
Minho : Et à quelle heure les Français déjeunent ?
Chloé : A midi, comme les Coréens.
Minho : Une dernière question : pourquoi le matin vous prenez le « petit » déjeuner ?
Chloé : Parce qu'il est plus petit que le déjeuner.
Minho : Ah bon, en Corée, on prend un « grand » déjeuner !

Activité 1 : Reliez les repas avec les heures

Le dîner ○	○ 12h – 14h
Le déjeuner ○	○ 7h – 8h
Le petit-déjeuner ○	○ 20h – 22h

Activité 2 : Lisez

Au **petit-déjeuner**, en général, les Français mangent du *pain de mie* ou des *biscottes*, ils les tartinent avec du *beurre*, de la *confiture* ou du *miel*. Ils boivent du café, du café au lait, du thé ou du chocolat chaud. Certains prennent un bol de *lait* avec des *céréales*, d'autres boivent un jus de fruits ou mangent un yaourt.

Les Français appellent la pause **déjeuner** « entre midi et deux ». Si la consommation des sandwichs se répand en France, beaucoup de Français prennent encore le temps de manger un repas chaud à midi au restaurant. Le déjeuner est composé d'une entrée, d'un plat et d'un dessert. Avant le dessert, les Français mangent souvent du fromage avec du pain. Le repas se termine souvent par un café.

A midi, les étudiants mangent au restaurant universitaire (« le resto U ») et les enfants à la cantine. A leur retour de l'école, les enfants prennent un **goûter**, par exemple un croissant ou un pain au chocolat.

En France, le repas du soir s'appelle le **dîner**. Pour beaucoup de familles, c'est un moment privilégié pour se retrouver et se raconter la journée. Le soir, on mange un peu moins qu'à midi et à la place du café, on boit plutôt une tisane.

Activité 3 : Le petit-déjeuner en France. Associez les mots avec les images

☐ 

☐ 

☐ 

☐ 

☐ 

☐ 

A *Le pain de mie*
B *Les biscottes*
C *Le beurre*
D *La confiture*
E *Le miel*
F *Le lait avec des céréales*

Activité 4 : Imaginez les réponses de Chloé

Minho : Chloé, qu'est-ce que tu manges au petit-déjeuner ?

Chloé : ____________________

Minho : Où tu déjeunes d'habitude ?

Chloé : ____________________

Minho : Est-ce que tu prends un dessert à chaque repas ?

Chloé : ____________________

Minho : Tu préfères le café ou le thé à la fin du repas ?

Chloé : ____________________

Minho : Et le soir, tu manges où et avec qui ?

Chloé : ____________________

____

Activité 5 : Reliez les parties de la phrase

a) En France, le fromage est servi... ○	○ en famille.
b) Les Français boivent le café... ○	○ par une entrée.
c) Le déjeuner français commence ... ○	○ une tisane.
d) Après le dîner, on boit souvent ... ○	○ à la fin du repas.
e) En France, on dîne d'habitude ... ○	○ avant le dessert.

Minho : Chloé, est-ce que les Français préfèrent manger à la maison où au restaurant ?

Chloé : Cela dépend des jours. Quand ils travaillent, ils déjeunent au restaurant et le soir, ils mangent en famille. Le weekend, ils préfèrent manger à la maison.

Activité 6 : Faites une commande au restaurant en France. Complétez

Serveur : Bonjour, avez-vous choisi ?

Vous : Oui, je vais prendre le menu à 13 euros.

Serveur : D'accord. Que prenez-vous en entrée ?

Vous : Je vais prendre ________________________________ .

Serveur : Et comme plat principal ?

Vous : J'ai choisi ________________________________ .

Serveur : Vous préférez le dessert ou le fromage ?

Vous : Je prendrai ______________ .

(Après le dessert...)

Serveur : Ça allait ?

Vous : Oui, c'était très bon.

Serveur : Prenez-vous un café ?

Vous : Oui, volontiers. Et apportez-moi l'addition, s'il vous plaît.

Activité 7 : Mémorisez le dialogue, puis jouez

Chloé : Dis-moi, est-ce que les Coréens mangent différemment de nous ?

Minho : Oui, vous avez même souvent du mal à vous habituer !

Activité 8 : Plats coréens. Qui suis-je ?

Je suis un mélange de riz, de viande de bœuf, de légumes cuits et d'un œuf au plat, le tout relevé par du *gochujang*, la pâte de piment fermentée.

Je suis : ______________________

Je suis une viande de bœuf ou de porc marinée puis grillée. Je suis cuisiné avec sauce de soja, sucre, huile de sésame et jus de poires.

Je suis : ______________________

Je suis une soupe à base de la pâte de soja fermentée et d'autres ingrédients : légumes, viande et fruits de mer. On dit que je ressemble à la soupe *miso* japonaise.

Je suis : ______________________

Je suis fait de riz, d'huile de sésame grillé et de divers autres ingrédients, le tout roulé dans une feuille d'algue séchée.

Je suis : ______________________

Je suis un plat très piquant, composé de pâte de riz appelés *teok*, et de *gochujang*, un condiment rouge et pimenté.

Je suis : ______________________

Les *ttopokkis* 떡볶이

Le *gimbap* 김밥

Le *bulgogi* 불고기

Le *doenjang-guk* 된장국

Le *bibimbap* 비빔밥

Minho : Ce qui surprend souvent les étrangers dans les restaurants en Corée, ce sont les *banchan,* les petits plats servis avec le plat principal.

Chloé : Oui, tu as raison. Et aussi au petit-déjeuner vous mangez la même chose qu'au déjeuner.

Activité 9 : Imaginez les réponses de Minho

a/ Minho, qu'est-ce que tu manges au petit déjeuner?

b/ On dit que le riz est la base de l'alimentation des Coréens. Tu en manges beaucoup ?

d/ Qu'est-ce que tu bois à table ?

e/ Il paraît qu'en Corée, on ne mange pas de dessert à la fin du repas. A quel moment tu en manges ?

Activité 10 : Commentez les photos

Le petit-déjeuner coréen

Le petit-déjeuner français

Chloé : Minho, pourquoi il y a du *kimchi* à table à chaque repas ?

Minho : Les Coréens pensent que le *kimchi* est très bon pour leur santé. C'est sans doute vrai. Grâce à la fermentation, il contient plus d'acide lactique que le yaourt.

Activité 11 : Minho parle du *kimchi*. Lisez, complétez avec les verbes, puis rétablissez la vérité

être, utiliser, servir, préparer, accompagner

Le *kimchi* ______ tous les repas. On le prépare avec du chou fermenté et mariné avec du piment et d'autres ingrédients. C'est le plat le plus populaire de Corée. On le ______ encore en famille en automne, pour toute l'année. C'est pourquoi les familles ______ un frigo spécial. Le *kimchi* ______ le roi des *banchan,* les petits plats que l'on ______ avec le plat principal. A mon avis, s'il y a un aliment que les étrangers devraient absolument goûter en Corée, c'est bien le *kimchi* !

a/ En Corée, on mange du *kimchi* rarement. V / F

b/ On prépare le *kimchi* avant l'hiver. V / F

c/ Le *kimchi* n'est jamais piquant. V / F

d/ Le *kimchi* se conserve au réfrigérateur. V / F

Activité 12 : Comparer les repas en France et en Corée. Discutez en groupes, puis complétez le tableau

Les repas en France	Les repas en Corée

Le quiz

1. A quelle heure les Français prennent d'habitude...

le petit-déjeuner ? ________________

Le déjeuner ? ______________________

Le dîner ? _________________________

2. Remettez en ordre le repas français :

◯ le fromage

◯ l'entrée

◯ le dessert

◯ le café

◯ le plat

3. Chassez l'intrus. Au petit-déjeuner, les Français prennent d'habitude...

du miel, des céréales, du jambon,

du pain-de-mie, de la confiture

4. Où mangent-ils ? Imaginez...

a/ Elise travaille dans un bureau au centre-ville. C'est bientôt midi. Elle va aller manger avec une collègue ...

☐ chez elle ☐ au restaurant

b/ Julien a 12 ans. C'est mardi et il est au collège. Il est 12h30. Julien et ses camarades de classe mangent ...

☐ à la cantine ☐ au restau U

c/ Marie a 8 ans. Après les classes, elle va prendre un goûter ...

☐ au restaurant ☐ à la maison

d/ C'est samedi soir, la famille Dupont en en train de dîner ...

☐ à la cantine ☐ à la maison

5. Vous êtes au restaurant en France. Consultez le menu du jour et commandez

Serveur : Bonjour, avez-vous choisi ?

Vous : Je vais prendre

☐ le menu à 17,70 €

☐ une glace

Serveur : D'accord. Que prenez-vous en entrée ?

Vous : Je voudrais

☐ le filet de bœuf

☐ la tartelette de tomate

Serveur : Et comme plat principal ?

Vous : Je prends

☐ la coupe au chocolat

☐ le poisson avec les frites

Serveur : Quel dessert avez-vous choisi ?

Vous : Apportez-moi

☐ une glace à la vanille

☐ la salade de saumon fumé

Menu du Jour

Entrées:
Tartelette de Tomate
ou
Salade de Saumon Fumé
ou
Foie Gras au Boudin Noir et Compote de Pomme (Supp 3€)
~~~
***Plat Principal:***
Poisson et Frites
ou
Poitrine de Porc au Sauce a l'Orange
ou
Filet de Boeuf (approx 150g) et Sauce Poivre ou Fromage Bleu (supp 5€)
~~~
Desserts:
Fromages
ou
Coupe au Chocolat
ou
Glaces
ou
"Eton Mess"

3 Plat: 17,70€

Ce que j'ai découvert

Bilan de la leçon 1 : Les repas en France

Ce que j'ai aimé

Leçon 2

Le pain à table

Leçon 2 : Le pain à table

Minho : Chloé, tu sais que nous avons des boulangeries avec des noms français, en Corée.

Chloé : Oui, j'ai vu « Paris baguette » et « Tous les jours », mais le pain qu'elles vendent n'est pas vraiment français.

Minho : Ah bon ? Alors comment est le vrai pain français ?

Activité 1 : **Lisez et complétez avec les mots proposés. Vrai ou faux ?**

farine (2X), repas, boulanger, pain,

La France sans ________, c'est comme Paris sans Tour Eiffel ! Pour les baguettes et les croissants, rien ne vaut les célèbres boulangeries françaises ! Les Français en mangent à tous les ________ : au petit déjeuner, au déjeuner et au dîner.

La baguette traditionnelle française pèse 250g. Elle est constituée de ________ de blé, d'eau, de levure et de sel. Jamais surgelée, elle est fabriquée par le ________ le même jour où elle est vendue.

Malgré son nom, **le pain de campagne** est une invention des villes. Il a une forme de boule plus ou moins allongée. Il pèse plus de 400g et il est fait avec deux sortes de ________ : celle de blé et celle de seigle.

Vrai ou faux ?

a/ Les Français ne mangent pas le pain au déjeuner. V / F

b/ Le pain de campagne peut être rond ou ovale. V / F

c/ Le boulanger utilise la même farine pour faire une baguette et un pain de campagne. V / F

d/ Chaque boulanger fait sa pâte lui-même. V / F

Minho : Chloé, à part la baguette et le pain de campagne, est-ce qu'il y a d'autres sortes de pains ?

Chloé : Oui, bien sûr, en France, chaque région a sa forme de pain.

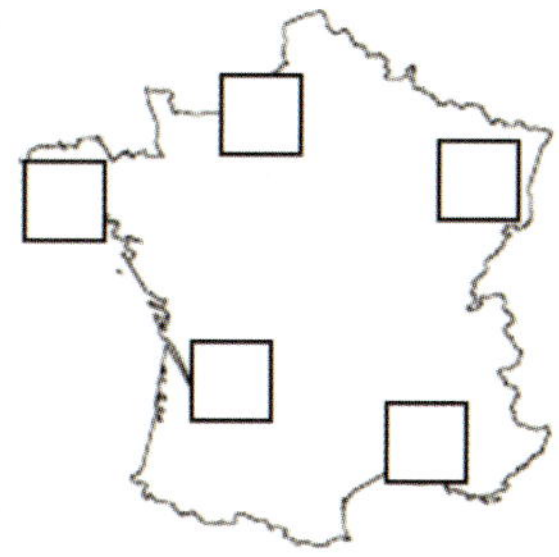

Activité 2 : Exemples de pains régionaux.

Lisez, puis marquez les régions sur la carte ci-dessus

A

La fougasse de Provence

B

La couronne bordelaise

C

Le pain chapeau breton

D

Le subrot alsacien

E

Le pain brié de Normandie

Minho : Chloé, ce que j'aime le plus, ce sont les croissants.

Chloé : Moi aussi. Ma mère en achetait tous les dimanches matin pour le petit déjeuner. Mais en fait, j'aime toutes les viennoiseries.

Les **viennoiseries** ne sont vraiment ni pain ni pâtisserie. Elles sont plus grasses et plus sucrées que le pain. Les Français les mangent au petit-déjeuner ou au goûter.

Activité 3 : Découvrez les viennoiseries les plus connues

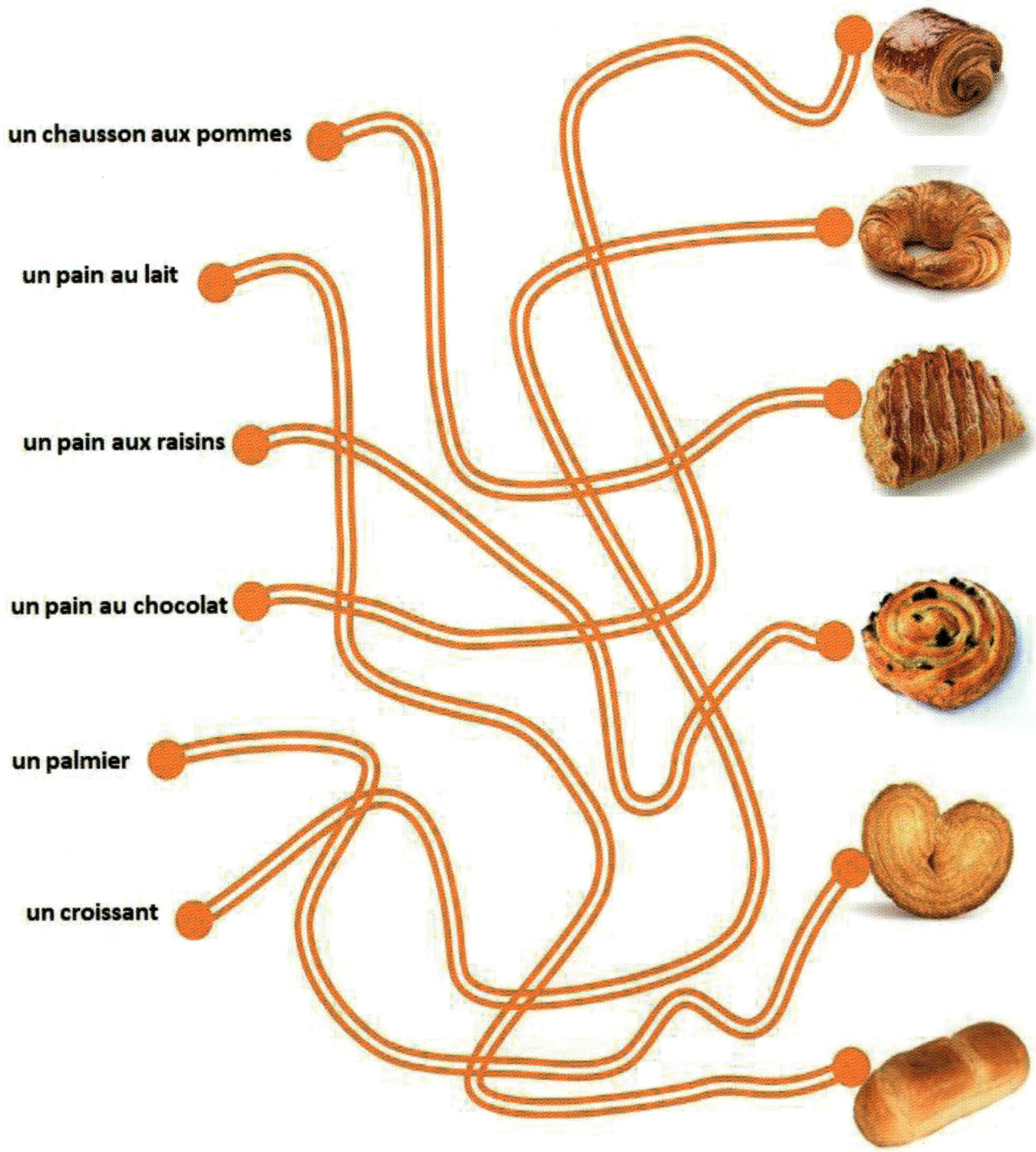

Minho : Chloé, comment les Français mangent le pain à table ?

Chloé : D'abord, sur la table, il y a toujours du pain dans une corbeille. On le mange tout le long du repas.

Activité 4 : Comment manger le pain à table. Lisez, puis indiquez, si l'image montre une bonne conduite ☺ ou une mauvaise conduite ☹ à table

Ne poussez pas les aliments sur l'assiette avec un couteau vers la fourchette. Poussez-les avec un morceau de pain.

Ne "saucez" pas votre assiette, même si votre morceau de pain est au bout de la fourchette.

Ne coupez pas le pain avec votre couteau ou vos dents, mais rompez-le avec les doigts.

Minho : Chloé, depuis quand les Français mangent du pain ?

Chloé : A l'époque de Jules César, 50 ans environ avant notre ère, les Romains ont apporté le pain en Gaule. Et après la naissance de Jésus à Bethléem (qui signifie « ville du pain » en hébreux), cet aliment est devenu très important pour les chrétiens, puisqu'il symbolisait le corps du Christ.

Activité 5 : Evolution de la consommation du pain. Complétez le commentaire du tableau ci-dessous

Année	Consommation moyenne de pain par habitant
1900	900 grammes
1920	630 grammes
1950	325 grammes
1960	265 grammes
1970	200 grammes
1980	175 grammes
1990	160 grammes
2018	120 grammes

Au début du XXe siècle, chaque Français mangeait ____________ grammes de pain par jour. Puis, en cent ans, sa consommation a beaucoup baissé. Dans les années soixante, les Français ne mangeaient que _____________ grammes de pain, et aujourd'hui, leur consommation est de _______________ grammes par jour.

Chloé : Minho, si quelqu'un te disait qu'« il a du pain sur la planche », tu comprendrais ?

Minho : Non, qu'est-ce que ça veut dire ?

Chloé : C'est une expression pour dire qu'il a beaucoup de travail à faire. Quand le boulanger a des miches de pain sur la planche, il doit toutes les faire cuire au four, donc il a encore beaucoup de travail à faire.

Les miches de pain sur la planche

Activité 6 : Expressions françaises. Complétez avec le sens de l'expression

Dialogue 1 :

- Est-ce que Léa a payé cher son sac à main ?
- Non, c'est un sac d'occasion, elle l'a acheté pour une bouché de pain.

  = ______________________________

Dialogue 2 :

- Jérôme a fini ses études, mais il ne travaille pas, il habite toujours chez ses parents.
- Je pense qu'il devrait commencer à gagner son pain pour être indépendant.

  = ______________________________

Dialogue 3 :

- Tous les billets pour le match sont-ils vendus ?
- Oui, ils sont partis comme des petits pains.

  = ______________________________

Dialogue 4 :

- Je pense qu'il n'y a plus de place pour ce film.
- Téléphone quand-même, ça ne mange pas de pain.

  = ______________________________

- ça ne demande pas beaucoup d'effort
- pour presque rien
- vendus rapidement et facilement
- travailler, gagner sa vie

Activité 7 : En Corée, on mange du riz à presque tous les repas. Discutez en langue maternelle, puis écrivez en français une expression coréenne avec le mot « riz »

____

Le quiz

1. Quelle sont les différences entre la baguette et le pain de campagne ?

La baguette est ronde, mais le pain de campagne est allongé. V / F

La baguette pèse plus que le pain de campagne. V / F

La baguette est faite de la farine de blé, alors que le pain de campagne est fait de la farine de blé et celle de seigle. V / F

2. Que préfèrent-t-ils ?

a/ Gérôme adore

les ____________________

b/ Léa aime beaucoup

les ____________________

c/ Christophe aime bien

les ____________________

3. Vrai ou faux ?

a/ Le pain est une invention française. V / F

b/ Les Français mangent de moins en moins de pain. V / F

c/ Le pain au lait est une viennoiserie. V / F

d/ Couper le pain avec le couteau est une mauvaise habitude. V / F

4. Cochez la bonne expression

a/ Mon frère gagne son pain.

☐ Il a un travail.

☐ Il est boulanger.

b/ Ma copine a acheté un beau collier pour une bouché de pain.

☐ Elle a échangé du pain contre un collier.

☐ Elle n'a pas payé son collier cher.

c/ Les bijoux sont partis comme des petits pains.

☐ On les a vendus rapidement.

☐ On les a volés.

5. Où peut-on manger ces pains ? Associez

1. la fougasse
2. le subrot
3. la couronne
4. le pain chapeau
5. le pain brié

A. au sud de la France

B. au nord de la France

C. au sud-ouest de la France

D. au nord-est de la France

E. à l'ouest de la France

1.	2.	3.	4.	5.

Ce que j'ai découvert

Bilan de la leçon 2 : Le pain à table

Ce que j'ai aimé

Leçon 3

Le royaume des fromages

Leçon 3 : Le royaume des fromages

Chloé : Minho, tu sais ce qui me manque le plus en Corée ? Ce sont les bons fromages français.

Minho : Lequel tu aimes le plus ?

Chloé : Difficile à dire... Il y en a tellement !

Activité 1 : Lisez et imaginez les réponses de Chloé

Le fromage est un symbole de la France. C'est un produit de terroir, lié au sol et au climat de chaque région. En France, il existe plus de 1 600 variétés de fromages. En général, les Français préfèrent les fromages à pâte molle, comme le camembert ou le brie. La production française est estimée à 2 millions de tonnes de fromage par an. En moyenne, les Français consomment 26 kilos de fromage par an et par personne.

D'après le Centre national interprofessionnel de l'économie laitière

Minho : Combien de variétés de fromage existe-il en France ?

Chloé : ____

Minho : Quels sont les fromages préférés des Français ?

Chloé : ____

Minho : Quelle quantité de fromage mange un Français en moyenne ?

Chloé : ____

Activité 2 : La consommation de fromage dans le monde. Consultez le graphique ci-dessous et faites un commentaire

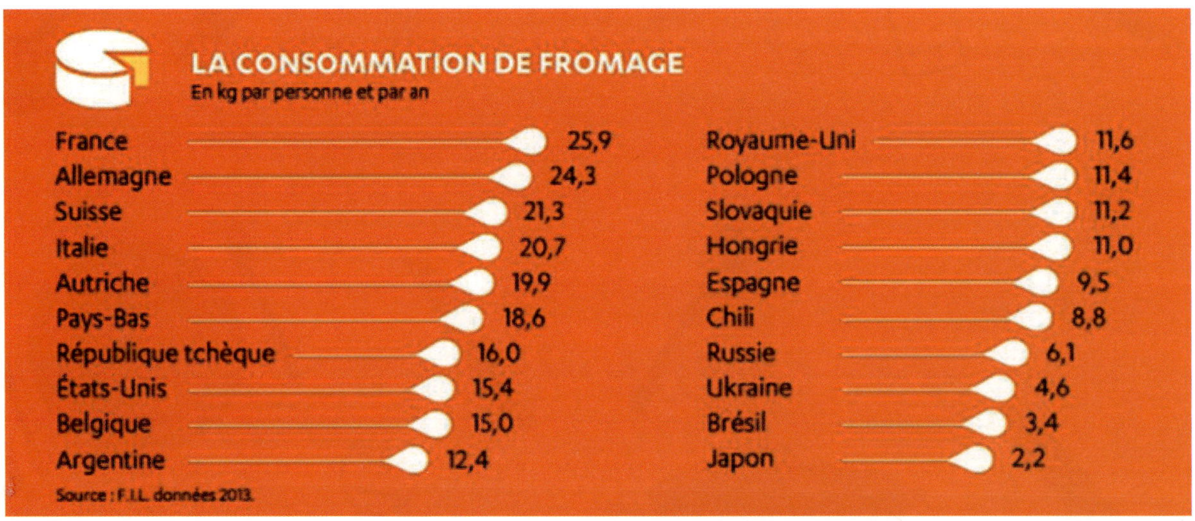

Activité 3 : Quelle est la consommation de fromage dans votre pays ? Discutez en langue maternelle

Chloé : Tu as déjà goûté des fromages au lait de chèvre ou de brebis ?

Minho : Non, jamais. Je ne peux même pas imaginer leur goût...

Chloé : Ce sont des fromages digestes, nourrissants, avec beaucoup de vitamines et de minéraux.

La majorité des fromages français sont faits avec du lait de vache. Les autres sont faits avec du lait de chèvre ou de brebis.

Activité 4 : Salade de chèvre chaud. Regardez la vidéo, puis remettez les étapes de la préparation en ordre

https://www.youtube.com/watch?v=LJy6NYJ3lbQ

A. Faire revenir dans l'huile d'olive des lamelles de poivron.
B. Ajouter un morceau de chèvre sur chaque tartine.
C. Déposer les toasts de chèvre chaud sur la salade.
D. Ajouter du basilic, puis mettre 15 minutes au four.
E. Arroser avec de l'huile d'olive.
F. Cuire des lardons.
G. Frotter les tranches de pain de campagne avec une gousse d'ail.

1.	2.	3.	4.	5.	6.	7.

Minho : Ce que je ne comprends pas, c'est cette diversité incroyable de fromages en France. Comment est-ce possible ?

Chloé : C'est grâce à la diversité des terroirs. Chaque région a son climat et un sol différent. Les animaux produisent du lait différent des autres terroirs. Et aussi les techniques de fabrication des fromages varient d'une région à l'autre.

Activité 5 : La diversité régionale. Liez les fromages avec les épingles rouges

Pouligny-saint-pierre, Vallée de la Loire

Camembert, Normandie

Maroilles, Grand Nord

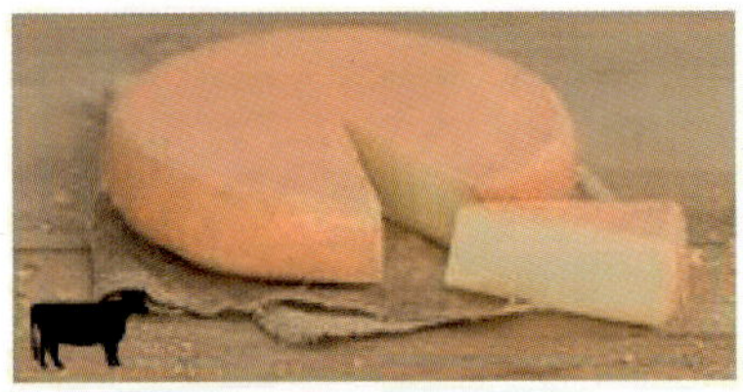

Munster, Nord-Est

Comté, Jura

Fromage à raclette, Savoie

Brie, les plaines du centre

Roquefort, Occitanie

Ossau-Iraty, Pyrénées

Brocciu, Corse

Minho : Il y a des fromages qui se ressemblent, comme le bri et le camembert, ou encore le munster et le maroilles. Pourquoi ?

Chloé : C'est parce qu'ils appartiennent au même groupe de fromages. On distingue des types de fromages selon la pâte ...

Activité 6 : Types de pâte de fromage

Fromages à pâte molle

Fromages frais

Fromages à pâte persillée /bleue

Fromages à pâte dure

Fromages à pâte molle et croûte lavée

Minho : On dit que les Français mangent du fromage tous les jours. C'est vrai ?

Chloé : Oui. A midi et le soir, on sert des fromages à la fin du repas, avant le dessert.

Activité 7 : Une étrangère raconte. Lisez, puis répondez aux questions

J'ai déjeuné chez une amie française. Nous avons commencé par l'entrée, puis Elodie a servi le plat. C'était délicieux ! Ensuite, c'était le tour des fromages. Pour les mettre à température ambiante, Elodie les a sortis du frigo une heure avant le début du repas. Elle les a disposés sur un plateau sans leur emballage. Puis, elle m'a conseillé de goûter d'abord le fromage le plus doux. J'ai coupé les fromages un peu n'importe comment et Elodie m'a expliqué comment faire : « *Par politesse, tu ne coupes pas la pointe d'un fromage, le dernier à se servir n'aurait que la croûte.* »

a/ Quand faut-il sortir les fromages du réfrigérateur ? ______________________________

b/ Comment les fromages sont-ils disposés sur le plateau ? __________________________

c/ Quel fromage devrait-on manger en premier ? ________________________________

d/ Pourquoi doit-on découper les fromages selon une règle bien précise ?

____

Activité 8 : Comment couper les fromages. Regardez la vidéo

https://youtu.be/SEaiALtr0E4

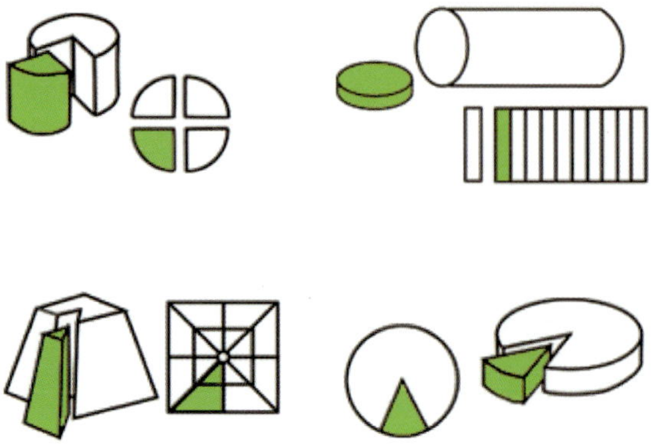

Minho : Où les Français achètent leurs fromages ?

Chloé : Mes parents achètent leurs fromages au supermarché où ils font leurs courses toutes les semaines. Mais moi, je préfère aller au marché...

Activité 9 : Les fromages dans le commerce. Lisez et répondez

Les Français achètent leurs fromages au supermarché ou chez un crémier-fromager. Ils peuvent aussi aller choisir leurs fromages au marché traditionnel ou directement chez un petit producteur.

De nos jours, il est possible d'acheter du fromage en ligne, voire même de s'abonner à « *une box fromage* » pour recevoir chaque mois un assortiment de fromages différents.

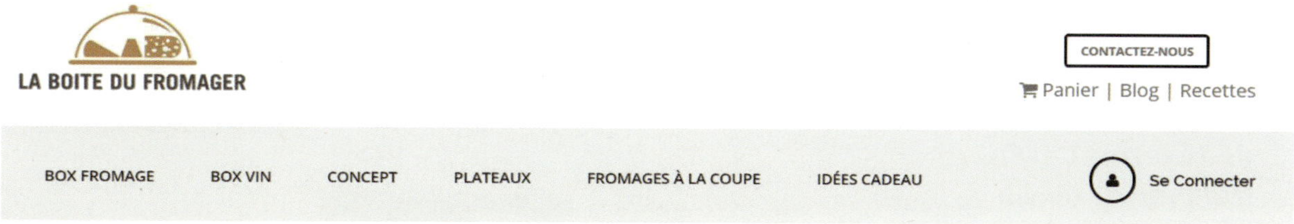

Où les Français achètent-ils leurs fromages ?

1. ______________________
2. ______________________
3. ______________________
4. ______________________
5. ______________________

Le quiz

1. Associez les parties de la phrase

1. Le fromage est ...
2. Les Français mangent les fromages ...
3. En France, il y a beaucoup de ...
4. Les Français consomment ...
5. On sert les fromages ...

A. variétés de fromages.
B. le symbole de la France.
C. à la fin du repas.
D. le plus de fromage au monde.
E. tous les jours.

1.	2.	3.	4.	5.

2. Que voyez-vous sur cette table ?

- ☐ du pain et des croissants
- ☐ du pain coupé en tranches

- ☐ deux verres de vin
- ☐ trois verres de vin

- ☐ un seul fromage
- ☐ plusieurs fromages

3. Trouvez sept fromages français

q r i r u b t e r
f o c e b e e i i
o u n e r m o e i
m a r o i l l e s
r o q u e f o r t
b r o c c i u r c
c a m e m b e r t
c o m t e b r i e
m u n s t e r e r

4. A quels groupes appartiennent ces fromages ? Reliez

A. Fromages frais
B. Fromages à pâte molle
C. Fromages à pâte dure
D. Fromages à pâte molle et croûte lavée
E. Fromages à pâte persillée

5. Ce fromage est-il correctement coupé ?

OUI / NON

Ce que j'ai découvert

Bilan de la leçon 3 : Le royaume des fromages

Ce que j'ai aimé

Leçon 4

Le vin et les vignobles

Leçon 4 : Le vin et les vignobles

Activité 1 : Vocabulaire du vin. Faites les mots croisés

VIN

VIGNOBLE

RAISIN

ŒNOLOGUE

VIGNERON

CÉPAGE

VINIFICATION

DÉGUSTER

VIGNE

Horizontal :

1. la plante cultivée pour les raisins
2. le fruit de la vigne
3. la boisson fermentée préparée à partir de raisin
6. la personne qui cultive la vigne et fait du vin
7. l'expert de la fabrication, de la conservation et de la dégustation du vin

Vertical :

1. la transformation du raisin en vin
3. le terrain planté de vignes
4. juger de la qualité du vin par sa couleur, son parfum et son goût
5. la variété de vigne

Minho : Comment est-ce possible qu'il y ait autant de vins différents en France ?

Chloé : C'est parce que chaque terroir viticole est différent.

Activité 2 : Lisez

La France possède de nombreux vignobles. Ils ont tous un climat et des sols différents. C'est ce qui définit les **terroirs viticoles**. On peut lire le nom du terroir de chaque vin sur l'étiquette des bouteilles. Le terroir viticole permet de reconnaître chaque vin par son vignoble, ses cépages, son microclimat, mais aussi par le savoir-faire des vignerons qui cultivent la vigne et font du vin.

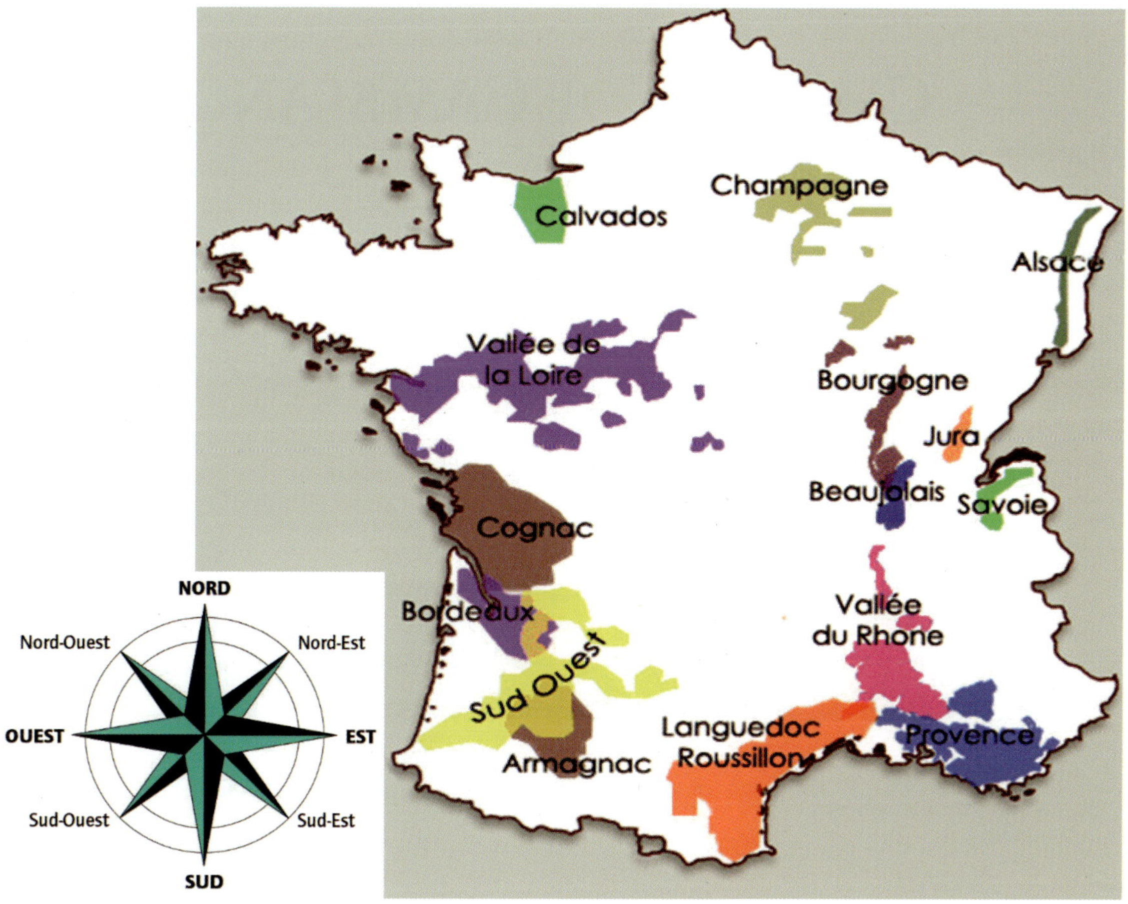

Activité 3 : Où produit-on ce vin ?

le bordeaux → au Sud-Ouest
le côte du Rhône →
le beaujolais →
le vin d'Alsace →
le côte de Provence →
le vin de Jura →

Minho : Quand tu achètes du vin, comment tu le choisis ?

Chloé : Par expérience et selon les informations sur l'étiquette.

Activité 4 : Comment lire une étiquette. Observez et répondez

a/ De quel terroir bordelais vient ce vin ? ________________________________

b/ En quelle année le vin a été mis en bouteille ? ____________________________

c/ Où ce vin a-t-il été mis en bouteille ? ___________________________________

d/ Combien de vin il y a dans cette bouteille ? ______________________________

Activité 5 : A vous !

Minho : Chloé, tu préfères le vin blanc ou le vin rouge ?

Chloé : Cela dépend du plat que le vin accompagne. Les accords entre mets et vins, c'est un sujet de conversation très fréquent en France !

Activité 6 : Quels vins boivent les Français à table ? Lisez

Avec les viandes et les fromages, les Français préfèrent boire du **vin rouge**. Les vins de Bordeaux, de Bourgogne ou de côte du Rhône sont les plus connus. Avec les poissons et les fruits de mer, les Français vont choisir un **vin blanc sec**, par exemple un vin d'Alsace. Pour les desserts ou à l'apéritif, ils apprécient les **vins blancs doux**. Puis, en été, quand il fait chaud, ils aiment ouvrir une bouteille de **rosé** de Provence bien fraîche. Le champagne est souvent réservé pour les jours de fêtes. Ce **vin pétillant** peut accompagner tous les plats de l'apéritif au dessert.

Activité 7 : Quel vins servirez-vous à ces invités ?

Situation 1 : En juillet, vous avez invité Jean et Marie à dîner sur la terrasse de votre maison. Quel vin allez-vous servir ? ____________________

Situation 2 : Au déjeuner, il y aura des truites meunières. Les invités sonnent à la porte... Quel vin allez-vous servir ? ____________________

Situation 3 : Vous avez invité vos voisins à boire un apéritif. Quel vin allez-vous servir ? ____________________

Situation 4 : Ce soir, vous allez fêter votre anniversaire avec vos meilleurs amis. Quel vin allez-vous servir ? ____________________

Minho : Maintenant, je sais quel vin servir. Mais dans quel verre ?

Chloé : Tu as raison, il y a beaucoup de formes de verre, c'est un art que les Français apprennent tout au long de leur vie.

Minho : D'accord, je comprends, c'est un peu compliqué.
Donne-moi une simple règle.

Chloé : Bon, en général, on boit du vin dans des verres à pied.
Les verres à vin blanc sont moins larges que les verres à vin rouge.

Activité 8 : Lisez et reliez les bulles aux verres

Le verre à vin d'Alsace est en forme de ballon sur un pied de couleur verte.

Le verre à champagne est en forme de flûte, ce qui empêche les bulles de remonter trop vite.

Le verre à bourgogne est appelé ballon, car sa forme est ronde. Ainsi, la robe rouge du vin est mise en valeur.

Le verre à bordeaux est en forme de tulipe, large en bas pour oxygéner le vin et étroit en haut pour conserver les arômes.

Activité 9 : Parler du vin. Regardez l'extrait du film « L'aile ou la cuisse » et répondez aux questions

https://www.youtube.com/watch?v=c073yNMpPpw

« Belle robe vermeille[1], un peu violette, bel éclat. C'est un bordeaux, un grand bordeaux. Un peu de pourriture noble en suspension, les impuretés descendent lentement. Ce vin a 23 ans, c'est un 53, une très grande année ! Le vin, c'est la terre. Celle-ci est légèrement graveleuse[2], c'est un médoc ! Le vin, c'est aussi le soleil. Ce vin a profité d'une belle exposition sud-ouest, sur un coteau de bonne pente. C'est un Saint-Julien, Château Léoville-Las-Cases 1953 ! »

[1] robe vermeille = d'un rouge éclatant, proche de la couleur de sang, tomate, cerise, rubis
[2] graveleux = qui est mêlé de graviers (petits cailloux)

a/ Dans ce film, l'acteur français Louis de Funès devine l'origine du vin sans le goûter. A votre avis, est-ce possible ? OUI / NON

b/ Il parle de la terre et du soleil. A votre avis, pourquoi ?

____

____

c/ Comment s'appelle un spécialiste de l'élaboration et de la conservation du vin, mais aussi de sa dégustation ?

- ◯ onologue
- ◯ eunologue
- ◯ œnologue

Le quiz

1. Qui suis-je ? Lisez et devinez

Je suis un espace avec le même type de sol et les mêmes conditions climatiques, où l'on cultive la vigne et produit le vin.

Je suis : ______________________

2. Reliez les mots correspondants

le vin●	●une personne
la vigne●	●une boisson
le vigneron●	●un procédé
la vinification ●	●une plante

3. Quel vin allez-vous servir ?

A. un vin blanc sec
B. un vin blanc doux
C. un vin pétillant
D. un vin rouge
E. un vin rosé

☐ 

☐ 

☐ 

☐ 

4. Quel teneur en alcool ont d'habitude les vins français ?

☐ 5% ☐ 13% ☐ 20%

5. Combien de vin contient d'ordinaire une bouteille de vin ?

☐ 500ml ☐ 750ml ☐ 1 litre

6. Lettres mêlées. Trouvez les vignobles français

PEHAGMACN ____________________
OBUNERGOG ____________________
ERABOXDU ____________________
SEALAC ____________________

7. Ces verres sont pour quel vin ?

______________ ______________

______________ ______________

8. Quelle est sa profession ?

____

Ce que j'ai découvert

Bilan de la leçon 4 : Le vin et les vignobles

Ce que j'ai aimé

Leçon 5

Les viandes et les poissons

Leçon 5 : Les viandes et les poissons

Minho : Nous, en Corée, on aime manger de la viande. Je pense qu'en France, c'est la même chose, non ?

Chloé : Oui, nous aimons bien les volailles, la viande de bœuf, de veau, de porc et d'agneau. Mais ces dix dernières années, les Français changent leurs habitudes et mangent moins de viande.

Minho : Pourquoi ?

Chloé : Pour protéger l'environnement. Et puis, les Français pensent aussi que manger trop de viande n'est pas bon pour la santé.

Activité 1 : **Les races bovines. Lisez**

https://www.la-viande.fr/animal-elevage/boeuf/races-bovines

En France, il y a 50 races de vaches. Chaque race est associée à un terroir : le sol, le relief, le climat et la qualité de l'herbe. En France, la viande de bœuf est la troisième viande la plus consommée après la volaille et le porc.

Vrai ou faux ?

a/ Les Français mangent de plus en plus de viande. V / F

b/ Les races de vache ont des couleurs différentes. V / F

c/ Parmi les viandes, c'est le boeuf que les Français mangent le plus. V / F

d/ Dans chaque terroir, on élève des vaches différentes. V / F

Activité 2 : **Discutez en langue maternelle**

Quelle place occupe la viande dans l'alimentation dans votre pays ?

Activité 3 : Quel morceau de viande pour quel plat ?

Minho : Si je veux cuisiner un plat, comment je vais savoir, quel morceau de viande choisir à la boucherie ?

Chloé : C'est souvent indiqué dans la recette. Tu peux aussi demander au boucher.

Rôti de bœuf

le faux-filet
le filet
le tende de tranche

Pot-au-feu

la macreuse
le gîte
le plat de côtes

Bœuf bourguignon

le paleron
le jumeau
le collier

Hachis Parmentier

le plat de joue

Chloé : Les Français mangent aussi du veau et de l’agneau.

Minho : Je trouve ça cruel, arracher le petit à sa mère et le tuer.

Chloé : Tu as raison, mais c’est la tradition. Je pense que les gens ne se rendent pas compte. Mais cette viande est si tendre, son goût est excellent.

Activité 4 : La blanquette de veau. Regardez la vidéo

https://www.youtube.com/watch?v=6gqvAQtX6zg

Complétez les quantités des ingrédients :

_____ grammes (g) de veau
_____ petits oignons
_____ gammes (g) de champignons de Paris
_____ centilitres (cl) d’eau
_____ bouquet garnit (plantes aromatiques)

Ingrédients pour la sauce :

1 ________________

50g de ________ ________

½ ________________

Activité 5 : Comment peut-on manger de l’agneau ? Forum sur Internet

- Hier, j’ai mangé du gigot d’agneau, c’était délicieux !

- Manger de l’agneau ? Moi, je ne peux pas ! Je ne comprends pas, comment on peut être cruel à ce point ! C’est affreux de séparer le bébé de sa mère, de le tuer aux abattoirs, de le découper en morceau rien que pour satisfaire le plaisir gustatif de l'homme !

Activité 6 : Discutez en langue maternelle

Dans votre pays, mange-t-on de l’agneau et du veau ? Qu’en pensez-vous ?

Minho : Chloé, ce soir, on pourrait manger du samgyeopsal, ça te dit ?

Chloé : Avec plaisir. J'adore ça. En France, on mange du porc différemment, le plus souvent c'est de la charcuterie.

Activité 7 : Découvrez la charcuterie française

En France, on fait de la charcuterie depuis les Gaulois. Dans chaque village gaulois on tuait un cochon, on confectionnait des boudins et des saucisses. Aujourd'hui, il y a 450 spécialités de la charcuterie en France.

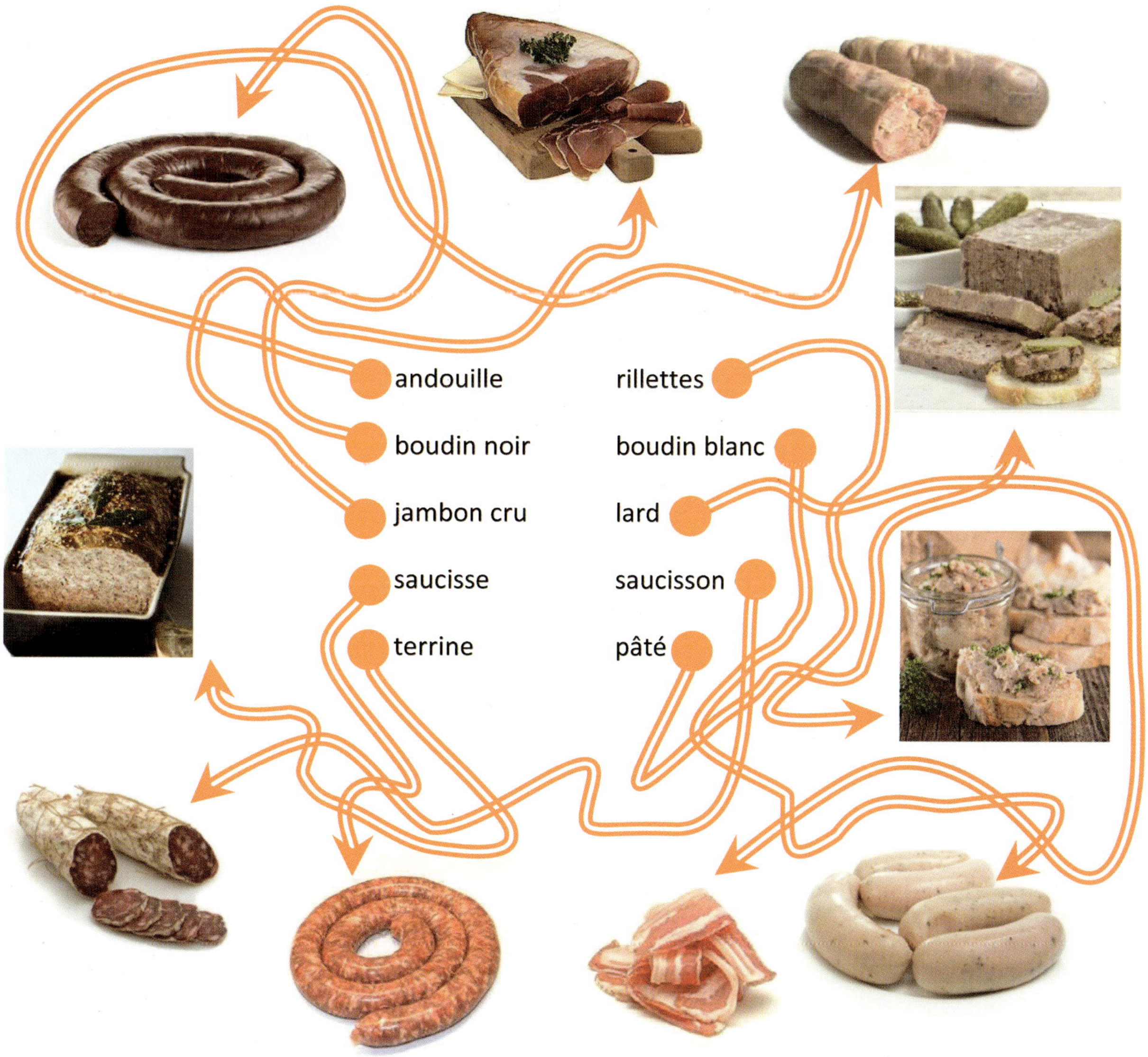

Activité 8 : Discutez en langue maternelle

Dans votre pays, quels plats sont à la base de la viande de porc ?
Lesquels préférez-vous et pourquoi ?

Activité 9 : Expression françaises avec la volaille. Reliez

1. Il fait un froid de canard.
2. Quand les poules auront les dents.
3. Il se couche avec les poules.
4. C'est une poule mouillée !
5. Ça me donne une chair de poule.
6. C'est une mère poule.
7. Il est comme un coq en pâte.
8. C'est une oie blanche.

A. Elle materne ses enfants.
B. Il a peur de tout.
C. Il est gâté.
D. C'est une fille naïve.
E. Il va au lit très tôt.
F. Ça me fait très peur.
G. Ça n'arrivera jamais.
H. Il fait très froid.

1.	2.	3.	4.	5.	6.	7.	8.
H							

Activité 10 : La volaille française. Quels oiseaux ne se trouvent pas sur l'image ?

la poule, la caille, le coq, l'oie,

le canard, le pigeon, la dinde

Activité 11 : Le poulet de Bresse. Lisez, puis regardez la vidéo (extrait1 : début→16'', extrait2 : 7'32''→fin)

https://www.youtube.com/watch?v=iKj8vj8rFHo&t=15s

Le poulet de Bresse, labélisé AOC depuis 1957, est la seule volaille en France bénéficiant de ce label.

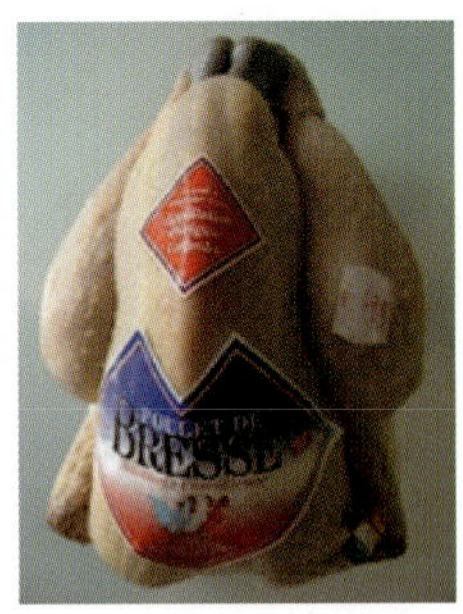

Dans la vidéo, le chef Georges Blanc Vonnas présente un menu composé de cinq plats de saison avec différents morceaux de la poularde de Bresse.

Cochez la bonne réponse :

a/ La poule de Bresse est ☐ blanche, ☐ marron ou ☐ noire ?
b/ Elle a les pattes ☐ jaunes, ☐ oranges ou ☐ bleues ?
c/ Elle a la crête de quelle couleur ? ____________________

Minho : En Corée, on mange beaucoup de poissons. Est-ce que les Français aiment ça ?

Chloé : Oui, surtout ceux qui ne vivent pas loin de la mer ou de l'océan. On y mange du poisson de mer et du poisson d'eau douce. Les Français aiment aussi manger des huîtres, des moules et d'autres fruits de mer.

maquereaux
lotte
sardine
truite
sole
brochet
dorade
thon

Activité 12 : Les poissons les plus cuisinés en France.

Complétez

S______________ M____________________ L__________ D____________

S_________ T__________ T_______________ B_____________

Activité 13 : Les plateaux de fruits de mer. Reliez les textes aux images

La composition du plateau de fruits de mer varie selon les régions, les saisons et les arrivages.

coque
huître
homard
tourteau
crevette
araignée de mer
bigorneaux
moule
coquille Saint-Jacques

Le quiz

1. Quelles viandes mangent les Français ? Complétez

de la v _ _ _ _ _ _ _

du b _ _ _ _

du p _ _ _

de l' a _ _ _ _ _

du v _ _ _

2. Ingrédients pour la blanquette de veau. Chassez l'intrus

œuf, crème fraîche, ail, citron,

champignons, oignon, veau

3. Charcuterie. Lettres mêlées

TRLETESIL ____________

CSUSOANIS ____________

ODINUB ____________

DOLENUILA ____________

4. Vrai ou faux ?

a/ En France, l'habitude de manger de la charcuterie est récente. V / F

b/ Certains Français ne mangent pas d'agneau ni de veau pour des raisons éthiques. V / F

c/ La viande de volaille est la plus consommée en France. V / F

d/ Le volaille de Bresse est la meilleure en France. V / F

5. Que peut-on trouver sur un plateau de fruits de mer ? Cochez

- ☐ des crevettes
- ☐ des moules
- ☐ des sardines
- ☐ des tourteaux

6. Chercher 8 poissons les plus appréciés par les Français

h	u	t	e	d	t	n	m	s	h
e	a	n	s	o	t	t	a	i	x
t	e	n	a	r	r	h	q	r	t
l	u	u	b	a	u	o	u	d	r
s	s	a	r	d	i	n	e	r	u
o	o	m	o	e	t	t	r	o	u
t	l	e	c	s	e	e	e	r	d
o	e	n	h	t	e	u	a	u	e
e	q	e	e	d	o	r	u	o	e
l	o	t	t	e	d	e	x	u	o

7. Que signifient ces expressions ? Cochez

a/ « Il se mariera quand les poules auront les dents. »

- ☐ Il ne se mariera jamais
- ☐ Il se mariera bientôt.

b/ « Cette fille est une oie blanche ! »

- ☐ Elle est intelligente.
- ☐ Elle croit tout ce qu'on lui dit.

c/ « Il vit comme un coq en pâte. »

- ☐ Il a une vie dure.
- ☐ Il a une vie confortable.

Ce que j'ai découvert

Bilan de la leçon 5 : Les viandes et les poissons

Ce que j'ai aimé

Leçon 6

Les plats préférés des Français

Leçon 6 : Les plats préférés des Français

Activité 1 : Chloé parle des plats préférés des Français. Ecoutez, puis lisez

Chloé : Je pense qu'en France, on aime les plats traditionnels. Ma mère prépare souvent *le pot-au-feu, la blanquette de veau, le magret de canard, le bœuf bourguignon, le gigot d'agneau* ou encore *le hachis Parmentier*. En France, on mange beaucoup de viandes et de légumes. Mais, on aime aussi les poissons. *La sole meunière* de ma grand-mère, c'est un délice ! Puis, les Français mangent aussi beaucoup de salades diverses et de légumes cuits, *la ratatouille* est devenue un plat national. Les Français aiment aussi préparer des plats d'autres pays comme *les lasagnes italiennes, la paëlla* espagnole ou encore *le couscous* d'Afrique du nord.

c__________ marocain

l__________ italiennes

p_______ espagnole

Pour le dessert, les Français apprécient le plus *le fondant au chocolat*. Mais dans notre famille, on mange souvent *des crêpes, des crèmes brulées* et *de la mousse au chocolat*. Moi personnellement, j'adore *le baba au rhum* et *le mille-feuille*.

Vrai ou faux ?

a/ Le pot-au-feu est un plat traditionnel. V / F

b/ Les Français sont plutôt végétariens. V / F

c/ Ils ne mangent pas de poissons. V / F

d/ Ils aiment aussi des plats étrangers. V / F

e/ Ils adorent les fondants au chocolat. V / F

Le classement des plats préférés des Français :

1. Le magret de canard – 48 %
2. La côte de bœuf – 37%
3. La raclette – 33 %
4. Le bœuf bourguignon – 29 %
5. La blanquette de veau – 28 %
6. Les moules-frites – 27 %

Etude Opinionway pour l'Agence de voyage Expedia.fr - Octobre 2018

le magret de canard

Activité 2 : Plats préférés des Français. Associez les descriptions aux images

A. Le pot-au-feu est un plat composé de viande de bœuf bouillie avec des légumes : carottes, poireaux, oignons....

B. On appelle le gigot d'agneau la cuisse d'agneau rôtie à chaleur très vive.

C. Le hachis Parmentier est un plat à base de purée de pommes de terre et de viande de bœuf.

D. La sole meunière est un plat de poisson de mer. Elle est enrobée de farine et frite dans du beurre à la poêle, et servie avec sauce au beurre, persil et jus de citron.

E. Le bœuf bourguignon est une estouffade de bœuf, cuisinée au vin rouge de Bourgogne, avec champignons, oignons et lardons.

Activité 3 : Quels sont les plats préférés dans votre pays ? Discutez en langue maternelle

Activité 4 : Associez les images et les noms des desserts préférés des Français

- le fondant au chocolat
- la mousse au chocolat
- les crêpes
- la crème brulée
- le baba au rhum
- le millefeuille

Minho : J'ai déjà goûté au fondant au chocolat, c'est délicieux.

Chloé : Si tu veux, on peut en préparer, ce n'est pas très compliqué...

Activité 5 : Les ustensiles nécessaires pour préparer les fondants au chocolat. Regardez la vidéo et complétez avec les noms des ustensiles

- une casserole
- 4 moules
- un fouet
- une grande jatte
- une petite jatte
- une maryse
- une cuillère en bois

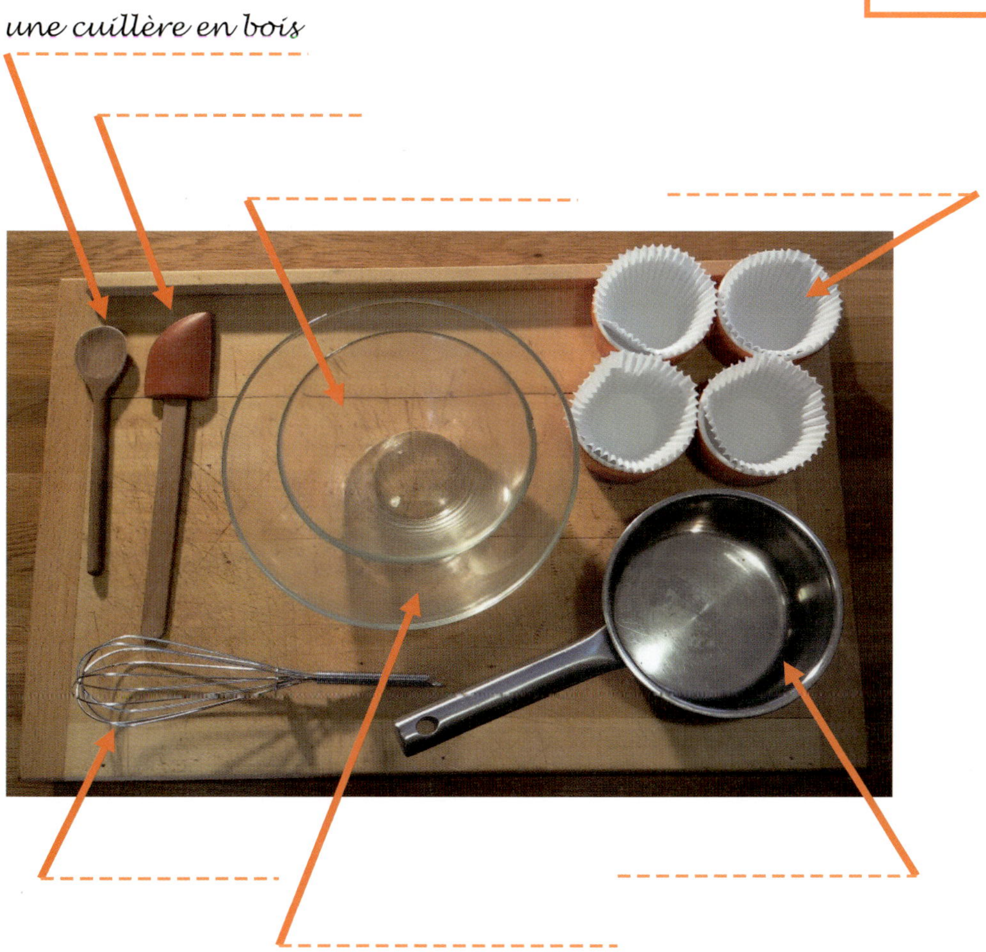

Activité 6 : Les ingrédients pour préparer les fondants au chocolat. Regardez la vidéo et complétez avec les quantités

______ g de chocolat noir et
un peu de chocolat blanc
______ g de beurre
______ cuillère de farine
______ g de sucre blanc + sucre vanillé
______ œufs

Activité 7 : Regardez la vidéo et remettez en ordre les étapes de la préparation des fondants au chocolat

A. Verser un peu de préparation au chocolat au fond des moules, mettez 2 carrés de chocolat. C'est ce chocolat qui sera fondant. Puis complétez avec le reste de la pâte.

B. Mettez le chocolat et le beurre dans la petite jatte, au bain-marie. Le chocolat va fondre doucement.

C. Faites cuire 10-15 minutes dans le four préchauffé à 210°C. Servez chaud.

D. Versez le chocolat fondu dans la grande jatte avec la pâte. Utilisez la maryse pour récupérer le chocolat. Mélangez le chocolat et la pâte ensemble.

E. Mélangez la farine et le sucre dans la grande jatte, ajoutez les œufs, mélangez bien avec le fouet. Puis mettez la pâte de côté.

F. Versez de l'eau dans la casserole pour le bain-marie, plongez la petite jatte dans l'eau de la casserole et mettez à chauffer.

1.	2.	3.	4.	5.	6.

Activité 8 : Olivier aime cuisiner. Ecoutez, lisez, répondez aux questions

« J'ai commencé à cuisiner grâce à ma mère. Quand je rentrais de l'école, au moins une fois par semaine, on faisait un gâteau ensemble. J'ai appris à séparer les blancs des jaunes des œufs, j'ai appris à mélanger, à faire cuire des gâteaux, et je pense que c'est par les gâteaux que j'ai commencé à aimer à cuisiner ».

a/ Olivier a commencé à cuisiner grâce à : ☐ son père ☐ sa mère ☐ son frère

b/ Quand il était enfant, il a appris à cuire des : ☐ gâteaux ☐ plats ☐ soupes

c/ Et vous ? Quels plats savez-vous cuisiner ?

____

Activité 9 : Sabina, épouse d'Olivier, est allemande. Ecoutez, puis lisez ses souvenirs et complétez les légendes des photos

Sabina, est-ce que tu as un souvenir de la cuisine de ta maman ?

« Oui, j'ai le souvenir d'un gâteau d'anniversaire. Elle a fait un gâteau de pommes (tarte aux pommes), avec de la confiture d'abricot. J'aime beaucoup ! Je fais ça pour moi, mais ma famille n'aime pas. Mon mari aime beaucoup les gâteaux compliqués. J'ai aussi un souvenir d'une roulade avec de la confiture de fraise ».

Tarte aux ______________________

Roulade à la confiture de ______________

Le quiz

1. Reliez les plats aux viandes

le pot-au-feu •	• du poisson
le gigot •	• du canard
la sole meunière •	• du bœuf
le magret •	• du veau
la blanquette •	• de l'agneau

2. Quels sont ces desserts ? Rébus

1000 

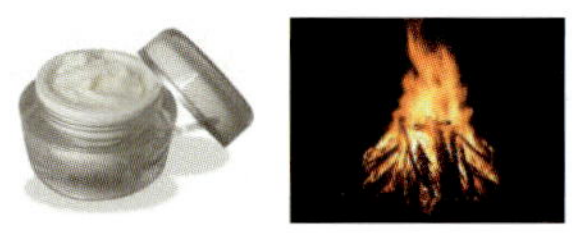

3. Quels ustensiles ? Mots mêlés

RACOSELES ________________

RAYSME ________________

OLUEM ________________

UTFEO ________________

TATEJ ________________

4. Quels ingrédients pour les fondants au chocolat ? Chassez l'intrus

chocolat, farine, lait, beurre, sucre, œufs

5. Reliez les objets aux verbes

le chocolat •	• verser
la maryse •	• (pré)chauffer
le fouet •	• récupérer
l'eau •	• fondre
le four •	• mélanger

6. Associez les textes aux images

1. Préchauffer le four.
2. Verser de l'eau.
3. Séparer les blancs des jaunes d'un œuf.
4. Faire cuire au bain-marie.
5. Mélanger au fouet.

A.

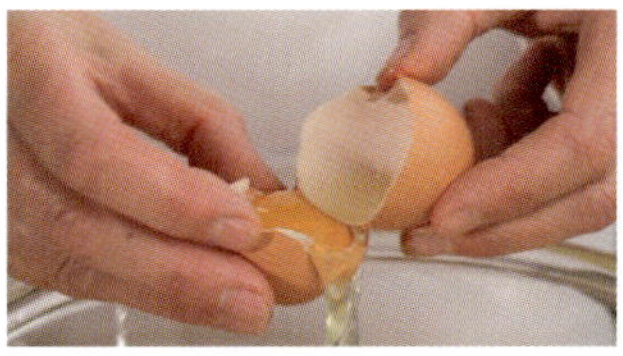

B.

C.

D.

E.

1.	2.	3.	4.	5.

Ce que j'ai découvert

Bilan de la leçon 6 : Les plats préférés des Français

Ce que j'ai aimé

Leçon 7

Des boissons bien françaises

Leçon 7 : Des boissons bien françaises

Minho : Chloé, est-ce que les Français ne boivent que du vin à table ?

Chloé : Non, avec certains plats, ils boivent aussi de la bière ou du cidre. Et une carafe d'eau est posée sur la table à chaque repas, comme en Corée.

Minho : Et quand ils ont soif pendant la journée ?

Chloé : Ils boivent souvent de l'eau minérale, plate ou gazeuse.

Activité 1 : **Boire de l'eau à table. Complétez**

Lors des repas, on sert l'eau en carafe ou en pichet.

C _ _ _ _ E

P _ _ _ _ T

E A U D U _ _ _ _ _ _ _

A la maison, la plupart des Français boivent l'eau du robinet. On peut aussi acheter l'eau de table en bouteille.

Activité 2 : **Les eaux minérales. Lisez**

Eaux minérales naturelles sont les eaux de source qui proviennent de nappes d'eaux souterraines. Elles contiennent de nombreux minéraux. Elles peuvent être plates ou gazeuses (pétillantes).

calcium (Ca)
magnésium (Mg)
sodium (Na)
potassium (K)
chlore (Cl)
soufre (S)
fluor (F).

Activité 3 : Carte des sources de France. Reliez les bouteilles à leur logo

Activité 4 : Les bières françaises. Vrai ou faux ?

Les Français consomment 30 litres de bières en moyenne par an, ce qui est relativement peu comparé aux autres pays (les Tchèques : 149 litres). Mais la France est le 6ème pays exportateur de la bière au monde. En France, vous pouvez boire des bières blondes, rousses, brunes ou blanches.

La Kronenbourg est la marque de bière la plus consommée en France. Vous pouvez la boire un peu partout en France.

La 1664, bière d'Alsace, serait la bière française la plus vendue au monde. La 1664 blonde est très équilibrée et la 1664 blanche a des arômes d'agrumes.

La Pelforth est une bière brune ou blonde de Lille, au nord de la France. Elle est brassée dans la brasserie du Pélican, fondée en 1921, et inscrite au patrimoine culinaire français.

La Desperados est une marque de bière d'origine alsacienne. Cette bière blonde légère est très appréciée des jeunes et des femmes.

Vrai ou faux ?

a/ Les Français sont de gros consommateurs de bière. V / F

b/ Beaucoup de bières françaises sont vendues dans le monde. V / F

c/ La Kronenbourg est brassée en Bourgogne. V / F

d/ La bière Pelforth vient du Nord de la France. V / F

e/ Les étudiants français boivent souvent la desperados. V / F

Minho : Tu sais qu'en Corée, on boit du cidre ?

Chloé : Tu te trompes, Minho. Ce que vous appelez « cider » n'a rien à avoir avec le vrai cidre français....

Activité 5 : Les cidres normands. Lisez, puis répondez aux questions

Le cidre est une boisson légèrement alcoolisée à base de jus de pomme fermenté. En France, il est produit surtout en Normandie. Au printemps, les pommiers fleurissent et les fruits se forment en été. En automne, les fruits sont ramassés et pressés. Le jus de pommes est conservé jusqu'en avril de l'année suivante pour la fabrication du cidre. Selon la durée de la fermentation, on distingue plusieurs familles de cidres.

1. La fermentation <u>courte</u> produits les cidres doux, plus sucrés et plus fruités. On les boit au dessert, avec des crêpes, par exemple.

Traditionnellement, on utilise les bolées à cidre

2. La fermentation <u>plus longue</u> produit les cidres moins doux et plus secs en bouche. Ce sont les cidres demi-secs, puis les cidres bruts. On les boit en apéritif et au cours du repas, ils accompagnent galettes, viandes et poissons.

Activité 6 : Discutez en langue maternelle

Dans votre pays, quelles boissons accompagnent les repas ?

Minho : Nous n'avons pas parlé des repas arrosés. Quelles boissons alcoolisées préfèrent les Français ?

Chloé : Ça dépend beaucoup des régions. A la fin des repas, les Alsaciens prennent une eau-de-vie et en Normandie, c'est le calvados. A Bordeaux, on va te proposer, en digestif, un cognac ou un armagnac.

Activité 7 : L'eau-de-vie alsacienne. Faites les mots croisés

On boit les eaux de vie comme digestifs et elles parfument les pâtisseries. En Alsace, on fait de l'eau de vie de mirabelle, de quetsche, de poire et de fruits rouges (fraise, framboise, cassis, myrtille, mûre).

Horizontal :

2. 

3. 

5. 

6. 

7. 

Vertical :

1. 
2. 
4. 

Activité 8 : D'autres eaux-de-vie françaises. Lisez, puis reliez

Le calvados normand

En Normandie, on obtient le calvados par distillation du cidre. Son goût et sa qualité dépendent de la proportion des pommes : sucrées, acidulées et amères. Après deux ans en fût de chêne, le calvados devient ambré.

Le cognac et l'armagnac

Le cognac et l'armagnac sont des eaux-de-vie de vin. Le cognac est produit au nord de Bordeaux, autour de la ville de Cognac, et l'armagnac au sud de Bordeaux.

Le rhum des Antilles françaises

Sur les îles de Guadeloupe et Martinique, on produit du rhum depuis le XVIIe siècle. Le rhum antillais est l'eau-de-vie obtenue par la distillation du jus de la canne à sucre. Le rhum blanc s'utilise en pâtisserie pour aromatiser la pâte.

Reliez plantes, produits fermentés et produits distillés

les pommes →	le jus de canne	le cognac
la canne à sucre	le vin	le calvados
le raisin	→ le cidre	le rhum

Le quiz

1. Les boissons à table. Complétez

a/ A chaque repas, il y a sur la table :
de l'eau en p__________
ou en c__________.

b/ Au repas, les Français boivent :
du vin, de la __________,
ou du __________.

c/ Quand ils ont soif, ils boivent :
de l'________ __________.

d/ La majorité des Français boivent :
l'eau du __________.

2. Trouvez 5 eaux minérales

e	q	d	t	b	l	v
q	u	e	z	a	c	r
r	p	a	t	d	e	b
r	u	u	i	o	t	r
p	e	r	r	i	e	r
i	v	i	t	t	e	l
e	v	i	a	n	t	a

3. Bières françaises. Associez

la bière blanche ☐

la bière rousse ☐

la bière blonde ☐

la bière brune ☐

A B C D

4. Vrai ou faux ?

a/ Le cidre est un alcool fort. F / V

b/ On sert le cidre dans une bolée. F / V

c/ Les cidres doux se marient bien avec les desserts. F / V

d/ On ne peut pas servir un cidre brut en apéritif. F / V

e/ L'eau-de-vie est un digestif. F / V

3. Eau-de-vie de quel fruit ? Cherchez l'intrus

5. Eaux-de-vie françaises. Lettres mêlées

NACOGC __________

DACASOLV __________

URMH __________

GMANACAR __________

6. Complétez

a/ On obtient les eaux de vie par __________.

b/ L'appareil pour distiller s'appelle __________.

Ce que j'ai découvert

Bilan de la leçon 7 : Des boissons bien françaises

Ce que j'ai aimé

Leçon 8

Les cafés français

Leçon 8 : Les cafés français

Chloé et Minho sont dans un café près de la fac. Assis confortablement dans des fauteuils, ils boivent du café et ils discutent...

Minho : En France, tu bois souvent du café ?

Chloé : Oui. Je commence dès le matin. Franchement, si je ne bois pas ma tasse de café au petit déjeuner, je ne suis pas réveillée.

Minho : Et dans la journée ?

Cloé : Je prends un expresso à la fin du déjeuner au resto U. Puis, certains jours, je vais au café près de chez moi, pour bavarder avec une copine.

Activité 1 : **L'expresso, café préféré des Français. Lisez**

Les Français aiment le café. Ils en consomment en moyenne 5kg par an et par personne, 94% en boivent. 40% des Français préfèrent l'expresso, loin devant les autres pays européens comme l'Allemagne (9%) ou le Royaume-Uni (8%). Les Français préfèrent l'expresso au café filtre (20%).

Pour les Français, boire un café est une occasion de se détendre et de retrouver des amis.

Et vous ?

a/ Quel type de café préférez-vous ? ______________________________

b/ Pourquoi allez-vous au café ? ______________________________

____

Chloé : Et puis, je vais souvent au café littéraire. Il y en a un près de ma fac.

Minho : Qu'est-ce que c'est un café littéraire ?

Chloé : C'est une grande tradition française...

Activité 2 : Chloé parle des cafés littéraires. Ecoutez, puis lisez

Chloé : J'aime beaucoup les cafés littéraires. Ils existent depuis le XVIIIe siècle, le siècle des lumières. C'est l'époque des grands philosophes comme Voltaire, Rousseau et Diderot. Dans les cafés littéraires, les écrivains, les poètes, les philosophes et les hommes politiques débattaient de l'art et de la liberté. Ils critiquaient les institutions et les injustices. Dans les cafés, les Français aiment toujours discuter et refaire le monde. En France, le café est un lieu de convivialité, de savoir-vivre et d'échanges. J'aime les cafés parce qu'ils sont l'expression d'une liberté bien française. On plaisante, on rit, on s'amuse, on joue avec les mots et on échange de multiples idées.

Trouvez l'intrus :

a/ Qui fréquentaient les cafés littéraires au XVIIIe siècle ?

poètes / écrivains / philosophes / ouvriers / hommes politiques

b/ Qu'est-ce que les Français aiment faire au café ?

rire / travailler / plaisanter / discuter / échanger des idées / s'amuser

Le Procope, le premier café littéraire de Paris

Au café Procope à l'époque des lumières

Chloé : Mais en France, il y a d'autres types de cafés qui ont une longue histoire, par exemple les cafés-concerts ou les cafés-cabarets.

Minho : C'était des cafés où l'on jouait de la musique ?

Chloé : Exact. Dans la seconde moitié du XIXe siècle, à Paris et dans d'autres grandes villes, ces cafés étaient la distraction préférée des ouvriers, des artisans et des petits commerçants.

Activité 3 : Les cafés en peinture. Reliez les noms des peintres avec les tableaux

Edouard Manet (1832-1883)
« Coin de café-concert »

Vincent van Gogh (1853-1890)
« Terrasse du café le soir »

Henri de Toulouse Lautrec (1864-1901)
« Au Café La mie »

Pablo Picasso (1881-1973)
« Table au café (bouteille de Pernod) »

Chloé : Récemment, dans les grandes villes françaises, on ouvre des anticafés. Ce sont surtout les étudiants qui y vont.

Minho : Les anticafés ?

Cloé : Oui, c'est un nouveau concept de café. On y va pour étudier ou travailler, on paye au temps, on consomme à volonté et on a l'accès au wifi haut débit. Il y a souvent un vidéoprojecteur, une imprimante, un scanner, des jeux de société et des livres.

Activité 4 : Lisez les informations sur l'anticafé français, puis cherchez les informations sur un anticafé coréen. Remplissez le tableau

Nom du café : « Louvre anticafé »

Adresse :	10, rue de Richelieu 75001 Paris
Horaires :	Lun-Jeu : 9h - 21h Ven : 9h - 20h Sam-Dim : 10h - 20h
Contact :	01 40 20 95 44 louvre@anticafe.fr
Places :	50 places assises
Tarifs :	1 heure - 5€, 1 journée - 24€ 1 mois - 240€
Equipements :	wifi boissons chaudes boissons fraiches encas sucrés encas salés jeux

Nom du café :

Adresse :	
Horaires :	
Contact :	
Places :	
Tarifs :	
Equipements :	

Activité 5 : Que boivent les Français au café ?

« Garçon ! S'il vous plaît, servez-moi ...

Très populaire dans le sud de la France, le pastis est un alcool à base d'anis.

C'est un verre de Perrier avec une rondelle de citron.

Minho : Si je veux prendre une boisson chaude ou fraîche dans un café, qu'est-ce que je dois ou ne dois pas faire ?

Chloé : Donc tu me demandes des conseils pratiques pour te préparer à ton futur séjour en France…

Activité 6 : Conseils de Chloé. Imaginez les questions de Minho

Minho : Si je viens en France en hiver, je pourrais m'assoir en terrasse ?

Chloé : Oui, les terrasses des cafés sont ouvertes aussi l'hiver. Les Français aiment s'assoir sur les terrasses, qu'il fasse chaud ou froid.

Minho : ____ ?

Chloé : En province, l'expresso coûte entre 1,50 et 2 €, mais à Paris, le prix peut grimper jusqu'à 8 €.

Minho : ____ ?

Cloé : Au café, on demande l'addition avant de partir, mais sur la terrasse, on doit payer la boisson directement après avoir été servi.

Minho : ____ ?

Chloé : Il faut attirer l'attention du serveur, lever la main et dire « s'il vous plaît ! »

Minho : ____ ?

Chloé : Le mieux, c'est payer en liquide. Beaucoup de cafés n'acceptent pas la carte avant un certain montant, souvent supérieur à 10 €.

Minho : ____ ?

Chloé : Oui, ça peut arriver. De toute façon, si tu es seul, ne laisse jamais ton téléphone ou ton sac sur la table pour aller aux toilettes.

Terrasse de café à Paris en hiver

Terrasse de café à Bordeaux en été

Le quiz

1. Que commandent-ils ? Imaginez...

2. De quel type de café s'agit-il ?

1. On y va pour travailler.
2. On y va pour discuter.
3. On y va pour écouter de la musique.

A. le café littéraire

B. le café-concert

C. l'anticafé

1.	2.	3.

3. Savez-vous combien ?

- _____% des Français boivent du café.
- En moyenne, chaque Français consomme _____kg de café par an.
- ____% des Français aiment l'expresso.
- _____% des Français boivent du café filtre.

4. Cochez les bonnes réponses

- En France, on peut s'assoir sur une terrasse de café :

☐ au printemps ☐ en été
☐ en automne ☐ en hiver

- Pour appeler le serveur, il faut :

☐ lever la main
☐ se lever
☐ dire « s'il vous plaît ! »

- En terrasse, on paye sa boisson :

☐ après avoir été servi
☐ juste avant le départ

- Pour moins de 10 euros :

☐ on paye par carte
☐ on paye en liquide

5. Qui suis-je ?

A. un crème
B. un demi
C. un petit noir
D. un ballon de rouge
E. un pastis
F. un diabolo menthe

Ce que j'ai découvert

Bilan de la leçon 8 : Les cafés français

Ce que j'ai aimé

Leçon 9

Les Français à table

Leçon 9 : Les Français à table

Chloé et Minho mangent dans un petit restaurant dans le quartier étudiant.

Chloé : Ah, manger avec vos baguettes en métal, ce n'est pas facile ! Avec un couteau et une fourchette, c'est beaucoup plus facile.

Minho : Oui, je comprends. Dis-moi, est-ce que les Français ont toujours mangé avec un couteau, une fourchette et une cuillère ?

Chloé : Non. Il est vrai qu'au Moyen Age, les gens mangeaient les soupes avec une cuillère. Mais la fourchette et le couteau n'existaient pas encore. On posait la viande sur une tranche de pain et on la mangeait avec les doigts.

couvert de table

Activité 1 : Deux légendes. Lisez et répondez aux questions

1. La fourchette, utilisée depuis le XIe siècle en Italie, entre à la cour de France à la fin du XVIe siècle, grâce à Catherine de Médicis. Mais on l'utilise peu. C'est le roi Henri III, fils de Catherine de Médicis, qui lance la mode des fourchettes en France après un voyage à la cour de Venise.

2. Au Moyen Âge, on utilisait son poignard pour couper la viande. En 1610, le cardinal Richelieu, agacé par les gens qui se nettoyaient les dents avec la pointe du couteau à table, a fait arrondir les lames. Le couteau de table était né.

Poignard médiéval

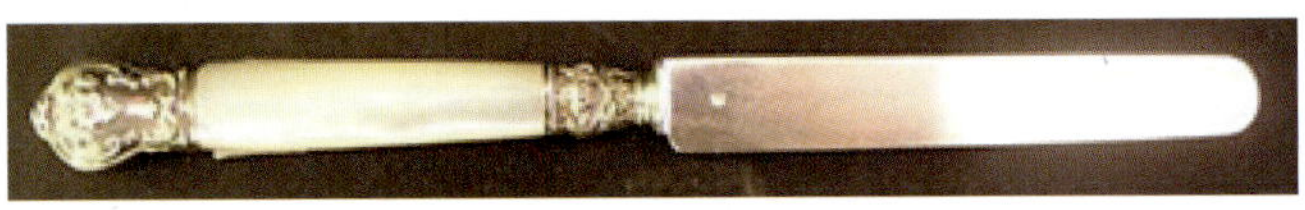

a/ Henri III, roi de France, a inventé la fourchette. V / F

Justifiez : ______________________________

b/ Le couteau de table est utilisé en France depuis le début du XVIIe siècle. V / F

Justifiez : ______________________________

Activité 2 : Dans votre pays, a-t-on toujours mangé avec des baguettes en métal ? Discutez en langue maternelle

Activité 3 : Comment se servir de son couvert. Lisez, regardez les images, puis essayez vous-même

En France, on mange tout avec son couvert de table, y compris les fruits, les gâteaux et les tartes. Exceptionnellement, si on sert une caille, un pigeon ou des cuisses de grenouille, on peut manger avec les doigts.

A. Prenez **le couteau** de la main droite. Tenez-le par le bout du manche, l'index posé sur le dessus du couteau. Tenez **la fourchette** de la main gauche, les dents vers le bas. L'index est tendu et posé sur la face arrière de la tête de la fourchette.

B. Pliez les poignets pour que vos index pointent vers le bas, vers l'assiette. Cela dirige aussi la pointe du couteau et de la fourchette vers le bas. Vos coudes doivent être détendus, près du corps.

C. Pour couper, positionnez le couteau près de la base de la fourchette et faites des mouvements comme si vous découpiez du bois avec une scie.

D. Portez de petits morceaux de nourriture à votre bouche avec la fourchette en gardant les dents courbées vers le bas.

https://fr.wikihow.com/utiliser-correctement-une-fourchette-et-un-couteau

Activité 4 : Comment se sert-on du couvert dans votre pays? Discutez en langue maternelle

Minho : Comment prépare-t-on la table avant de manger ?

Chloé : On y met des assiettes, des couverts, des verres et des serviettes. Il y a des règles assez précises pour placer tout cela sur la table.

Activité 5 : Dresser une table au Palais d'Elysée. Regardez la vidéo

https://www.ototuto.com/cours-videos-developpement-personnel/dresser-table-francaise-methode-elysee/

Extrait 1 (7'32''→8'26''). Vrai ou faux ?

a/ L'équipe chargée de dresser la table pour un déjeuner d'Etat s'appelle *l'intendance.* V / F

b/ Les cuisiniers choisissent la vaisselle à mettre sur la table. V / F

Extrait 2 (10'02''→10'38''). Complétez

La mise en place peut alors commencer. Méticuleuse et précise. Chaque assiette est placée à exactement _____ cm du bord de la table. Chacune est éloignée de sa voisine de _____ cm. Lors des grands dîners, la distance requise est de _____ cm. Prennent place ensuite les couverts en argent et verres en cristal. Au bout d'_____ heure, la table est dressée. Les verres sont ordonnés en losange et le livret du menu vient d'être envoyé par l'imprimerie nationale.

Activité 6 : Comment dresser la table à la française. Lisez

Placez l'assiette à deux centimètres du bord de la table. Si vous servez une soupe et une entrée, posez l'assiette à soupe et l'assiette pour l'entrée sur l'assiette plate du plat principal.

Placez la fourchette à gauche de l'assiette, dents vers le bas, puis mettez le couteau et la cuillère à soupe à droite de l'assiette. La petite cuillère et la fourchette à dessert seront entre l'assiette et les verres.

Placez les verres au-dessus des couverts et de l'assiette, par ordre de grandeur : le verre à vin blanc (le plus petit), le verre à vin rouge et le verre à eau (le plus grand).

Pliez la serviette et posez-la à droite de l'assiette ou au milieu de l'assiette.

https://www.youtube.com/watch?v=d9k_EG90CYg

Dessinez les éléments sur la table :

Activité 7 : Comment dresse-t-on la table dans votre pays ? Discutez en langue maternelle

Activité 8 : Comment se tenir à table. Regardez la vidéo

https://www.youtube.com/watch?v=Fy8b9GfLbNA&t=36s

Quelle est la bonne conduite? Cochez le texte et l'image

Comment s'assoir ?

a/ ☐ Se tenir bien droit avec un espace entre le dossier et le dos

b/ ☐ Etre enfoncé le dos contre son dossier

Que faire avec la serviette ?

a/ ☐ Mettre la serviette dans sa chemise
b/ ☐ Poser la serviette dépliée sur ses genoux

Comment tenir ses mains ?

a/☐ Poser les poignets de part et d'autre de l'assiette

b/ ☐ Poser les coudes sur la table, les mains jointes

c/ ☐ Poser les mains sur ses genoux

Comment poser ses couverts ?

a/ ☐ Lors d'une pause, posez-les vers le centre de l'assiette, sans les croiser
b/ ☐ Lors d'une pause, posez-les sur la nappe
c/ ☐ Quand on a fini de manger, posez-les sur l'assiette du même côté sans les croiser

Activité 9 : Aude raconte son enfance à table.

Ecoutez et cochez ce que vous entendez

A table, on devait :

- ☐ rester assis, sans bouger
- ☐ ne pas rire
- ☐ mettre les mains sur la table
- ☐ mettre la serviette sur ses genoux
- ☐ demander poliment chaque objet
- ☐ ne pas parler
- ☐ ne pas lécher le couteau
- ☐ ne pas manger avec les mains
- ☐ manger la bouche fermée
- ☐ ne pas parler la bouche pleine

Activité 10 : Lisez et vérifiez vos réponses

— Quelles étaient les règles de comportement à table dans votre famille ?

— Quand on était petits, comme on était nombreux, on ne devait pas parler à table. Parce que, je pense qu'on n'aurait fait beaucoup de bruit. On devait rester assis, sans bouger, pareil, parce que je pense qu'on n'aurait pas pu circuler autour de la table pour faire le service. On devait mettre les mains sur la table, mettre sa serviette ...

— La serviette comment ?

— La serviette en tissu sur les genoux, pour les plus petits autour du cou pour éviter les taches. Demander poliment chaque objet dont on avait besoin : donne-moi, passe-moi de l'eau, et du pain, s'il te plaît.

— Et manger avec la bouche fermée... ?

— Oui, c'est vrai. Manger avec la bouche fermée. Et ne pas parler la bouche peine.

Activité 11 : Quels sont les règles à table dans votre pays ? Discutez en langue maternelle

Le quiz

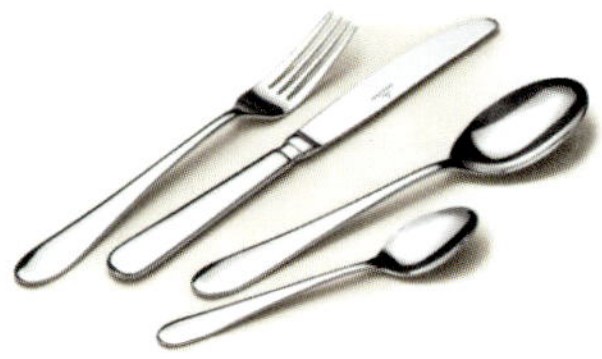

1. Un couvert de table. Complétez

a/ un c __ __ __ __ __ __

b/ une f __ __ __ __ __ __ __ __ __

c/ une c __ __ __ __ __ __ __

à __ __ __ __ __

d/ une c __ __ __ __ __ __ __

à __ __ __ __

2. Qui est qui

A. verre à vin blanc
B. verre à vin rouge
C. verre à eau

3. On tient :

le ____________ de la main droite et

la ______________ de la main gauche.

4. La fourchette est arrivée en France :

☐ au moyen-âge

☐ au XIe siècle

☐ au XVIe siècle

5. Dessinez les couverts et les verres autour de l'assiette :

6. Quels sont les bonnes règles à table ?

☐ ne pas parler la bouche pleine
☐ lécher le couteau
☐ manger la bouche fermée
☐ ne pas sortir de table avant la fin du repas

7. Quelle est la bonne manière d'utiliser sa serviette ?

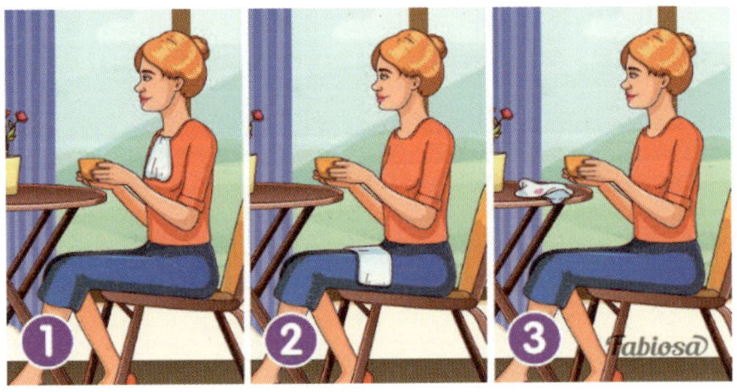

1 ☐ 2 ☐ 3 ☐

8. Comment mettre ses couverts à la fin du repas ?

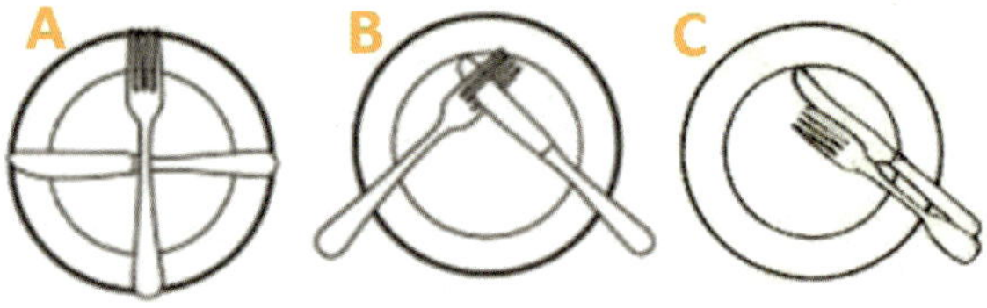

A ☐ B ☐ C ☐

9. La table au Palais de l'Elysée. Vrai ou faux ?

a/ La table est dressée. V / F

b/ Les assiettes sont à 40cm l'une de l'autre V / F

c/ Les couvert sont en or. V / F

d/ Les verres sont en cristal. V / F

Ce que j'ai découvert

Bilan de la leçon 9 : Les Français à table

Ce que j'ai aimé

Leçon 10

L'histoire de la cuisine française

Leçon 10 : L'histoire de la cuisine française

Minho : A quel moment de l'histoire est née la gastronomie française ?

Chloé : Probablement au XVIIe siècle. Mais tout a commencé avec la cuisine romaine au IVe siècle...

1. De 52 av. JC à 476 ap. JC : **La Gaule Romaine**
2. Du Ve siècle au XVe siècle : **Le Moyen Age**
3. Le XVIe siècle : **La renaissance et les Grandes découvertes**
4. Le XVIIe siècle : **Le Grand Siècle et le Roi Soleil**
5. Le XVIIIe siècle : **La Révolution française**
6. Le XIXe siècle : **La Révolution industrielle**

Activité 1 : Lisez et répondez aux questions

1. **Les Gaulois** sont de bons chasseurs et consomment beaucoup de viande. Ils cultivent des céréales et boivent de la bière.

2. **Les Romains** introduisent l'huile d'olive, la vigne et le vin. Au IVe siècle, les livres de cuisines d'Apicius, grand gastronome romain, arrivent en Gaule.

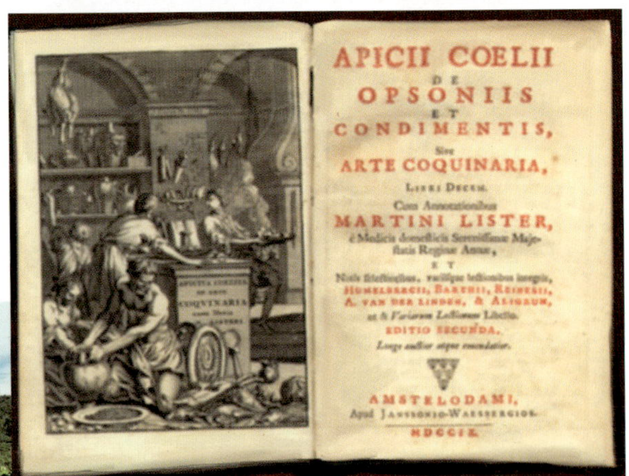

3. **Au Moyen Age**, dans les abbayes, les moines fabriquent des fromages et sélectionnent des vins. La chasse donne de la viande aux banquets médiévaux.

Pendant les Croisades arrivent du Moyen Orient le riz, le sarrasin et des épices : le gingembre, la cannelle, les clous de girofle, le poivre, la noix muscade.

4. Lors des **Grandes découvertes**, les voyageurs apportent de nouvelles techniques et recettes de l'Orient, la cuisine française devient épicée. Des Amériques arrivent le piment, les haricots, le maïs, le café, le cacao, la tomate, la pomme de terre et la dinde.

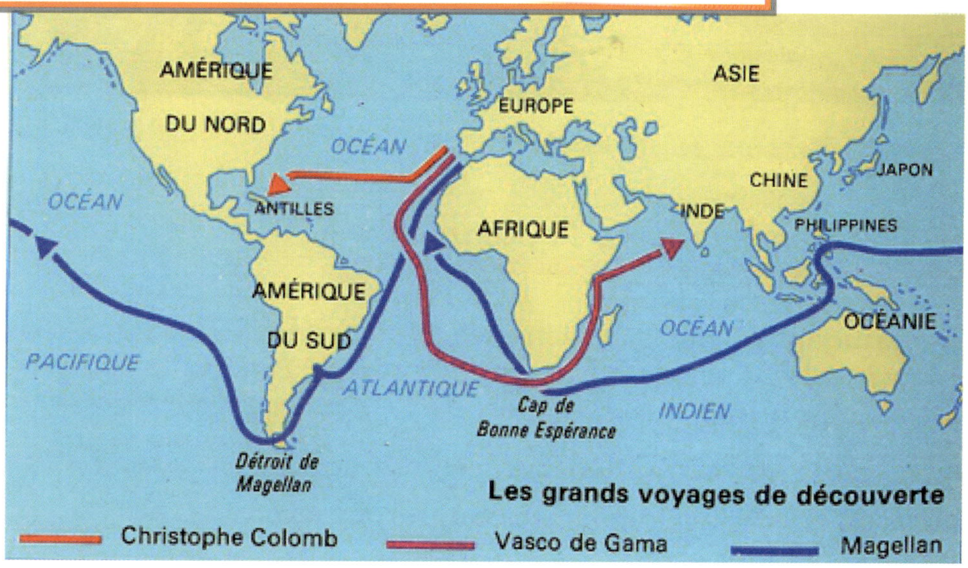

Vrai ou faux ?

a/ Les Gaulois n'aimaient pas manger de la viande. V / F

b/ Les Romains ont apporté leur tradition culinaire en Gaule. V / F

c/ Le riz est connu en France depuis le Moyen Age. V / F

d/ Les pommes de terres sont originaires d'Asie. V / F

Activité 2 : **Lisez et répondez aux questions**

1. A l'époque de **la Renaissance**, la reine Catherine de Médicis introduit en France les chefs italiens et les produits de son pays : les pâtes, les asperges, le basilic, la sauge et la marjolaine, les confiseries et les glaces.

2. Au **XVIIe siècle**, les cuisiniers du roi Louis XIV préparent plats de viandes et de poissons, bouillons et sauces grasses et onctueuses, salades et desserts recherchés : c'est la naissance de la grande cuisine française.

3. Après la **Révolution française** en 1789, les nobles s'exilent. Les grands cuisiniers qui étaient à leur service, ouvrent des premiers restaurants à Paris.

4. Le **XIXe siècle** est l'âge d'or de la cuisine. La haute cuisine française et ses chefs, comme Auguste Escoffier et Marie-Antoine Carême, deviennent célèbres dans le monde entier.

Avec l'apparition de la critique gastronomique naissent les guides gastronomiques. Le tout premier : « Almanach des Gourmands » est édité en 1803.

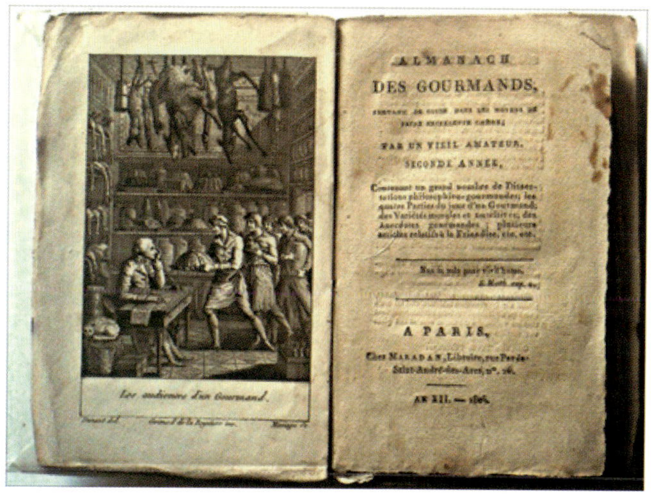

5. Dans les **années 1970**, la *nouvelle cuisine* voit le jour. C'est une réaction contre une cuisine trop lourde et des préparations trop riches. Elle utilise les saveurs naturelles, les produits frais et des modes de cuisson simples. La gastronomie se démocratise grâce à la télévision.

Vrai ou faux ?

a/ Au XVIe siècle, les Français découvrent la cuisine italienne. V / F

b/ La grande cuisine française est née à la cour du roi Soleil. V / F

c/ Les grands restaurants apparaissent avant la Révolution française. V / F

d/ A partir du XIX siècle, la gastronomie française est connue dans le monde. V / F

e/ Les guides gastronomiques existent depuis plus de 200 ans. V / F

f/ La *nouvelle cuisine* est trop lourde, plus riche. V / F

Chloé : Sais-tu, Minho, que la gastronomie française est un patrimoine de l'Humanité ?

Minho : Tu veux dire qu'elle est reconnue par l'UNESCO ?

Chloé : Oui, depuis 2010.

Activité 3 : La gastronomie protégée par l'UNESCO. Lisez

Depuis 1972, l'UNESCO protège les sites et monuments du monde les plus importants. Et depuis 2003, cette organisation est également chargée de la protection du patrimoine culturel immatériel de l'humanité.

Le 16 novembre 2010, le repas gastronomique des Français a été inscrit sur la liste de patrimoine culturel immatériel de l'Humanité comme *une pratique sociale coutumière destinée à célébrer les moments les plus importants de la vie des individus et des groupes, tels que naissances, mariages, anniversaires, succès et retrouvailles. Il s'agit d'un repas festif dont les convives pratiquent, pour cette occasion, l'art du « bien manger » et du « bien boire ».*

Reliez les synonymes :

patrimoine	spirituel
immatériel	rencontres
coutumière	de fête
retrouvailles	héritage
festif	traditionnelle

Activité 4 : Qu'est-ce « le repas gastronomique français » ? Lisez

1. Le repas gastronomique doit comporter plusieurs services : apéritif, entrée, plat de poisson ou de viande accompagné de légumes, fromages, dessert, digestif.

2. Les produits doivent être de qualité et les recettes choisies avec soin en accord avec les vins.

3. Les mets doivent être dégustés avec une gestuelle spécifique au niveau de l'odorat et du goût.

4. Les mets doivent être présentés sur une table décorée.

Activité 5 : Lisez et discutez en langue maternelle

Depuis 2013, la préparation du *kimjang* est inscrite sur la liste du patrimoine culturel immatériel de l'humanité de l'UNESCO.

Activité 6 : Les produits labélisés. Lisez

Beaucoup de produits de terroirs en France sont labélisés. L'appellation d'origine contrôlée (AOC) certifie le terroir d'origine du produit et le savoir-faire du producteur, et garantit la qualité du produit. Le label Agriculture biologique (AB) est un label de qualité, qui permet d'identifier les produits issus de l'agriculture biologique, 100% naturels, sans produit chimique de synthèse. AOC et AB sont attribués par le Ministère de l'Agriculture.

Associez les verbes avec leur synonyme :

1. labéliser, 2. certifier, 3. garantir, 4. identifier, 5. attribuer

A. reconnaitre, B. marquer, C. assurer, D. attester/légaliser, E. donner/décerner

1.	2.	3.	4.	5.

Activité 7 : Le guide Michelin. Lisez

Le Guide Michelin, aussi surnommé Guide rouge, est un guide gastronomique hôtelier et touristique lancé au début du XXe siècle par la société des pneus Michelin. Le guide sélectionne chaque année les hôtels et les restaurants, sur lesquels il donne des renseignements et des appréciations. Chaque année, les *étoiles Michelin* récompensent les meilleurs restaurants :

3 étoiles indiquent qu'il s'agit « d'une cuisine remarquable, valant le voyage ».
2 étoiles désignent « une table excellente méritant un détour ».
1 étoile signale « une très bonne table dans sa catégorie »

Activité 8 : Informez-vous et discutez en langue maternelle

En 2018, le guide Michelin a attribué 3 étoiles à deux restaurants à Séoul.

Le quiz

1. Complétez

Les  mangeaient de la ___________ et buvaient de la _____________ .

2. D'où sont-ils venus en France ? Reliez

le riz	
le café	Empire Romain
la vigne	Moyen Orient
les glaces	Amérique
la tomate	Italie
la cannelle	

3. Quand sont-ils nés ?

Les premiers restaurants :

____

Les guides gastronomiques :

____

La nouvelle cuisine :

____

4. Chassez l'intrus

La nouvelle cuisine est :

légère, simple, naturelle, grasse, accessible, fraîche.

5. Depuis quand ? Cochez

Le repas gastronomique français est inscrit sur la liste d'UNESCO depuis

- ☐ 1972
- ☐ 2003
- ☐ 2010

6. Vrai ou faux ?

a/ Le label AB est attribué aux produits 50% naturels. V / F

b/ Le produit AOC est toujours de bonne qualité. V / F

c/ Le guide Michelin permet de choisir un bon restaurant. V / F

7. Combien d'étoiles ? Reliez

✿	cuisine excellente
✿ ✿	bonne cuisine
✿ ✿ ✿	cuisine remarquable

8. Restaurant gastronomique ? Cochez

☐ 

☐ 

Ce que j'ai découvert

Bilan de la leçon 10 : L'histoire de la cuisine française

Ce que j'ai aimé

Annexes

Les plats régionaux

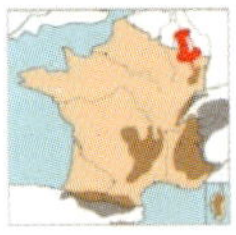

1- La cuisine du Nord-Est

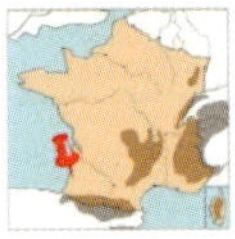

2- La cuisine du Sud-Ouest

3- La cuisine du Nord-Ouest

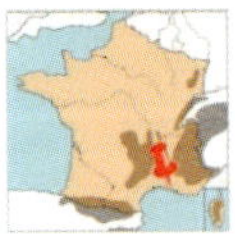

4- La cuisine du Sud-Est

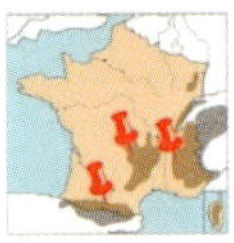

5- La cuisine des montagnes

6- La cuisine de la Bourgogne

7- La cuisine du Grand Nord

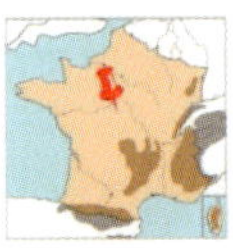

8- La cuisine des grandes plaines

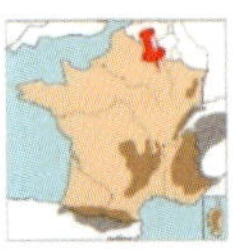

9- La cuisine de la Champagne et des Ardennes

10- La cuisine des îles

Bonus : La cuisine en fêtes

L'énumération des produits présentés dans ces annexes portent indifféremment la marque du singulier ou du pluriel en fonction d'un usage fluctuant du vocabulaire.

Exemple : on y cultive la pomme de terre (aspect générique)/on y cultive des pommes de terre (aspect indéfini)

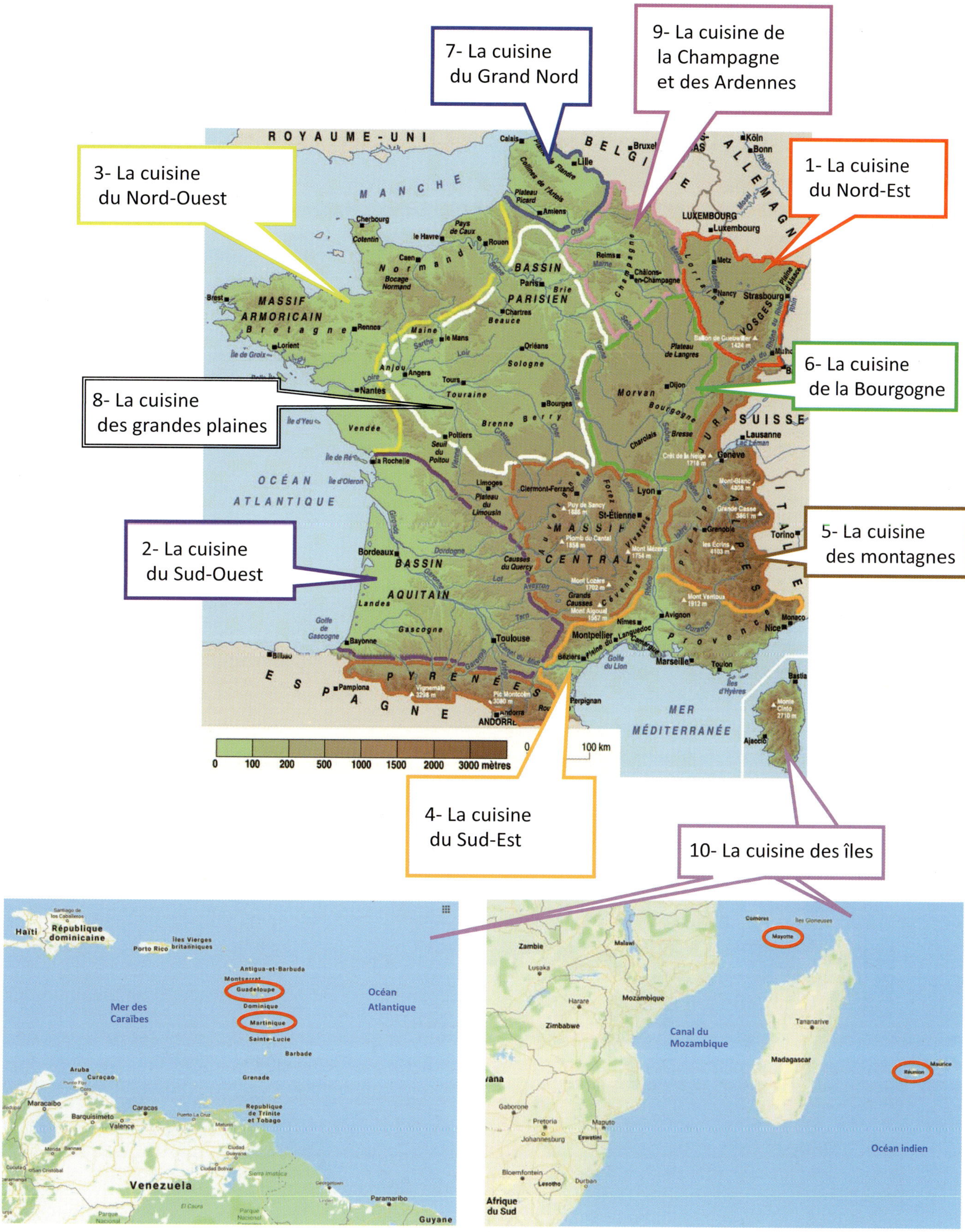
7- La cuisine du Grand Nord
9- La cuisine de la Champagne et des Ardennes
3- La cuisine du Nord-Ouest
1- La cuisine du Nord-Est
6- La cuisine de la Bourgogne
8- La cuisine des grandes plaines
5- La cuisine des montagnes
2- La cuisine du Sud-Ouest
4- La cuisine du Sud-Est
10- La cuisine des îles
ROYAUME-UNI
MANCHE
BASSIN PARISIEN
MASSIF ARMORICAIN
OCÉAN ATLANTIQUE
MASSIF CENTRAL
BASSIN AQUITAIN
ESPAGNE
SUISSE
MER MÉDITERRANÉE
0 100 200 500 1000 1500 2000 3000 mètres
100 km
Mer des Caraïbes
Océan Atlantique
Guadeloupe
Martinique
Venezuela
Canal du Mozambique
Mayotte
Madagascar
Réunion
Océan indien

1- La cuisine du Nord-Est

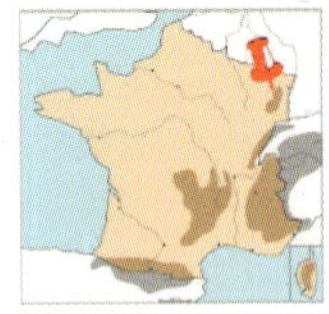

1- Les produits des terroirs du Nord-Est

Cultures : blé, maïs, orge, colza, tournesol, soja, moutarde, pois, choux, mirabelle

Élevages : canard, oie, poule, cochon, vache (lait et viande), cheval

Chasse : perdrix, bécasse, faisan, sanglier, cerf, chevreuil, lièvre

Produits : foie gras, charcuterie, fromage, pain d'épice, bière, vin

2- Quelques produits emblématiques :

Le munster est un fromage au lait de vache, à pâte molle et à croûte lavée. C'est un fromage fort, surtout pour son odeur.

La madeleine est un petit gâteau traditionnel lorrain en forme de coquillage. Les Français adorent le tremper dans leur tasse de café.

La mirabelle de Lorraine est une petite prune de couleur dorée, juteuse et sucrée. C'est le fruit préféré des Lorrains. Ils mangent leurs mirabelles sous toutes les formes : **sirop, crème glacée, confitures, eau-de-vie, fruits au sirop** et **bonbons.**

3- Quelques plats du Nord-Est

La choucroute alsacienne est du chou fermenté. On la mange cuite avec de la viande fumée, de la charcuterie et des pommes de terre. Avec la choucroute, on boit de la bière ou du vin blanc sec.

La quiche lorraine est une tarte salée, couverte d'œufs battus, de crème fraîche et de lardons.

La flammekueche (tarte flambée) est une galette de pâte à pain, recouverte de crème fraîche, de fromage blanc, d'oignons et de lardons.

2- La cuisine du Sud-Ouest

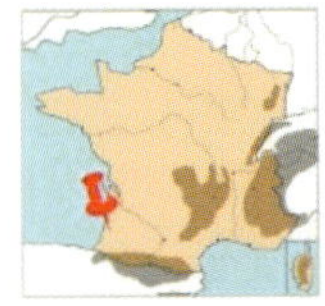

1- Les produits des terroirs du Sud-Ouest

Cultures : vigne, maïs, piment, fraise, melon, noix, prune, kiwi, châtaigne

Élevages : vache (blonde d'Aquitaine), canard, oie, chèvre, mouton, cochon gascon, huître

Champignons sauvages : cèpe de Bordeaux, truffe du Périgord, girolle, bidaou

Produits : foie gras, jambon cru, fromages, pruneaux, vin, cognac, armagnac, pineau, izarra

2- Quelques produits emblématiques :

Le sauternes est un vin produit au sud de Bordeaux. Il est très doux. Son sucre vient d'un champignon, qui se développe sur le raisin très mûr. Les vendangeurs récoltent les grappes grain par grain.

Spécialité bordelaise parfumée à la vanille et au rhum, **les cannelés** sont à la fois croustillants et moelleux.

Le foie gras est une spécialité très ancienne. Il y a 4 500 ans, les Égyptiens gavaient des oies et des canards pour les engraisser.

3- Quelques plats du Sud-Ouest

La garbure est une soupe paysanne de choux et de légumes du Béarn, dans les Pyrénées. On l'accompagne de porc salé ou de jambon cru.

Le poulet basquaise est mijoté dans une sauce de poivrons, de tomates, d'oignons, d'ail, d'huile d'olive, de vin blanc et de piment d'Espelette.

Le cassoulet est une spécialité d'haricots blancs de la région de Toulouse. On les fait cuire avec de la viande de porc, de la saucisse ou encore avec du confit d'oie ou de canard.

3- La cuisine du Nord-Ouest

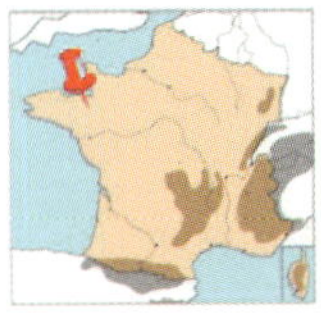

1- Les produits des terroirs du Nord-Ouest

Cultures : pomme de terre, artichaut, choux-fleurs, pomme, fraise

Élevages : cochon, vache laitière, mouton, lapin, poule

Pêche : poissons, crustacés, moules, huîtres

Produits : beurre salé, biscuits, pâtés, rillettes, caramel au beurre salé, cidre, calvados

2- Quelques produits emblématiques

Le camembert est sûrement le plus connu des fromages français. Il serait né en 1791, en Normandie, dans une ferme du village de Camembert.

Le terroir breton est idéal pour **les artichauts** car il ne gèle pas en hiver et l'été n'est pas trop chaud. On récolte ce légume en octobre.

Les huîtres de Bretagne peuvent être plates ou creuses. On les déguste crues à l'apéritif ou sur un plateau de fruits de mer.

3- Quelques plats du Nord-Ouest

Les crêpes bretonnes sont préparées avec de la farine blanche, elles sont généralement mangées sucrées. En Bretagne et en Normandie, **les galettes** sont des crêpes de sarrasin, elles sont garnies de fromage, d'œuf ou de saucisse.

Le gratin de chou-fleur est un plat à base de chou-fleur, de pommes de terre et de jambon. Il est couvert de sauce béchamel et gratiné avec du fromage.

La recette **du far breton** est très simple : œufs, sucre, farine et lait. On le fait souvent avec des pruneaux.

4- La cuisine du Sud-Est

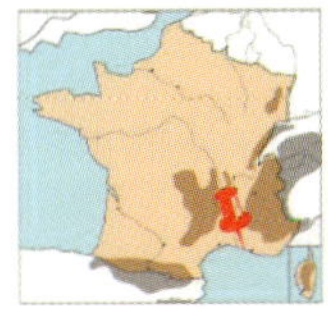

1- Les produits des terroirs du Sud-Est

Cultures : olive, amande, pomme, lavande, plantes aromatiques (thym, romarin, etc.) tomate, courgette, melon, ail, riz, vigne

Élevages : mouton, cochon, taureau, chèvre, apiculture, moule, huître

Pêche : poissons, crustacés, fruits de mer

Produits : tapenade, pistou, huile d'olive, pastis de Marseille, calissons d'Aix, fruits confits, fromage de chèvre, vin

2- Quelques produits emblématiques

En Provence, on fait une **huile d'olive** au goût fruité, avec des notes d'artichaut et d'amande fraîche. On ramasse les olives, en automne.

Depuis le XVIIe siècle, **le nougat de Montélimar** est une confiserie composée d'amandes, de pistache, de miel et de blanc d'œuf.

Au pied des Pyrénées-Orientales, on prépare **les anchois** au sel ou à l'huile. Ce petit poisson est la base de nombreuses recettes du sud-est de la France.

3- Quelques plats du Sud-Est

La bouillabaisse de Marseille est une soupe de poisson. Elle se prépare dans un court-bouillon au vin blanc, relevés d'ail et d'huile d'olive. On l'accompagne de **rouille**, une sauce provençale épicée.

La pissaladière est une spécialité de la région niçoise. La pâte à pain est couverte d'oignons. On y ajoute des petites olives noires de Nice et du **pissalat**, une pâte d'anchois.

Coupées en deux, **les tomates à la provençale** sont recouvertes de chapelure, de persil, d'ail, et arrosées d'huile d'olive. Elles sont cuites au four ou à la poêle.

Originaire d'Avignon, **le gâteau des rois** est une brioche ronde, parfumée à la fleur d'oranger. Il est décoré de fruits confits, ils représentent les joyaux de la couronne.

5- La cuisine des montagnes

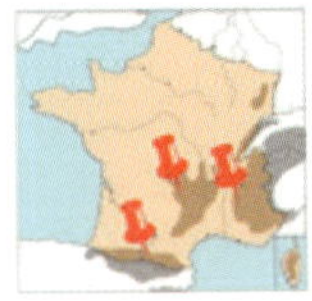

1- Les produits des terroirs des montagnes

Cultures : pomme de terre, plantes fourragères[1] (herbe, blé, maïs, orge, trèfle, luzerne), vigne

[1]plante fourragère = plante utilisée pour l'alimentation des animaux d'élevage

Élevages : vache et brebis laitières, vache et mouton à viande, chèvre, cochon, volaille, apiculture

Produits : lait de vache, fromages fermiers (vache, brebis, chèvre), viande bouchère (boeuf, agneau, porc, volaille), charcuterie (saucisse, saucisson sec, jambon, viande séchée), champignons sauvages, miel, vins

2- Quelques produits emblématiques

Le climat frais et sec des montagnes est idéal pour la confection **des charcuteries et des salaisons** : jambons secs, saucisses sèches, saucissons, Jésus de Lyon, saucisses de Morteau, brési du Jura, etc.

La fabrication **du fromage de Salers** ne peut se faire qu'entre le 15 avril et le 15 novembre, quand les vaches de race Salers mangent les herbes et les fleurs du Massif-Central.

Le vin jaune est un vin du vignoble du Jura. C'est un vin sec de longue garde, il est exclusivement issu du cépage savagnin.

3- Quelques plats des Montagnes

En Haute-Savoie, **la fondue** est composée de trois fromages : comté, beaufort et emmental, fondus dans du vin blanc sec. Plat convivial, chacun plonge son morceau de pain dans la fondue parfumé à l'ail et à la noix de muscade.

La tartiflette est un plat de pommes de terre, d'oignons et de lardons. Arrosée de vin blanc sec, elle est gratinée avec du reblochon, un fromage de Savoie.

L'ollada (prononcez "**ouillade**") est un potage catalan, des Pyrénées orientales. Il se prépare avec des pommes des terres, du chou, des haricots blancs, du lard et un talon de jambon sec.

6- La cuisine de la Bourgogne

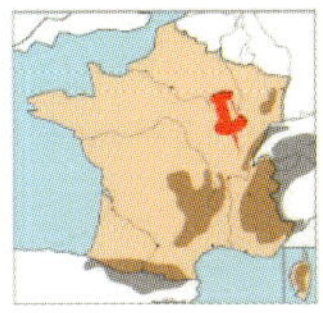

1- Les produits des terroirs bourguignons

Cultures : blé, orge, colza, tournesol, soja, maïs, moutarde, vigne, fruits rouges (cassis, cerise)

Élevages : vache charolaise, mouton charolais, poulet de Bresse, lapin, escargot

Produits : viande de boeuf, jambon sec, andouillette, poissons d'eau douce (truite, brochet, carpe, sandre) , moutarde, anis de Flavigny, truffe de Bourgogne, pain d'épice, époisses(fromage), vin, crème de cassis

2- Quelques produits emblématiques

Les escargots de Bourgogne sont préparés avec du beurre, de l'ail et du persil. Ils sont servis en particulier lors des repas de fête de famille et lors du réveillon de Noël.

Depuis 1840, le savoir-faire de **la moutarde de Dijon** d'Edmond Fallot est transmis de génération en génération. On écrase les graines à la meule de pierre pour préserver toutes les qualités gustatives de la moutarde.

Grâce à un climat exceptionnel, **les vignobles de Bourgogne** produisent des vins réputés dans le monde entier. Ces vignobles sont inscrits sur la liste du Patrimoine mondial de l'UNESCO depuis 2015.

3- Quelques plats bourguignons

La fondu bourguignonne est un plat convivial. On plonge ses morceaux de bœuf dans de l'huile bouillante dans un caquelon placé au centre de la table.

Pour faire **du coq au vin**, la viande repose toute une nuit dans une marinade de vin rouge avec des champignons, des oignons, et des carottes.

Les cuisses de grenouilles sont trempées dans de l'huile d'olive et couvertes de persillade. Puis on les enfourne à 210°C pour 15 minutes.

La recette **du lapin à la moutarde** réunit plusieurs spécialités bourguignonnes :
Le lapin fauve de bourgogne, la moutarde de Dijon et le vin de Bourgogne.

7- La cuisine du Grand Nord

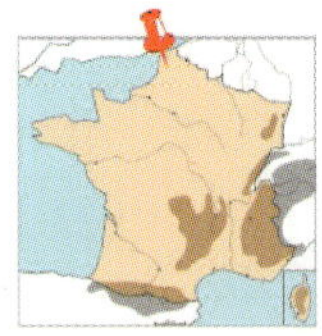

1- Les produits des terroirs du Grand Nord

Cultures : blé tendre, orge, maïs, pomme de terre, betterave rouge, endive, chou de Bruxelles, choufleur, oignon, poireau, groseille, pomme, fraise , rhubarbe, salicorne

Élevages : vache (race la Blanc bleu), cochon, lapin, mouton boulonnais, chèvre

Pêche : bar, cabillaud, merlan, plie, turbot, sole, tourteau, moule, coque

Produits : maroilles (fromage), chicorée à café, hareng fumé, confitures de groseille et de rhubarbe, genièvre (liqueur), bière

2- Quelques produits emblématiques

La salicorne pousse dans les prés salés en bord de mer et se ramasse à marée basse. Cette plante a le goût des embruns. Dans le nord, on l'utilise dans les plats de poissons.

La chicoré est faite avec les racines d'une jolie fleur bleue. On en fait une boisson au goût subtil qui ressemble un peu au café.

3- Quelques plats du Nord

Les moules marinières sont très populaires en Belgique et dans le Nord de la France. Elles sont préparées avec des échalotes et du vin blanc sec. On les mange avec des frites.

Les flamiches sont des tartes salées. La plus connue est **la flamiche au maroilles**, un fromage au goût assez fort.

Pour faire **les endives au jambon**, ont enroule les endives, une sorte de salade, dans des tranches de jambon, puis on les couvre de béchamel, avant de les gratiner.

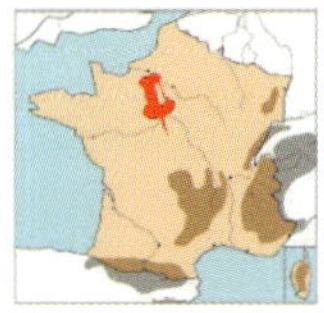

8- La cuisine des grandes plaines

1- Les produits des terroirs des grandes plaines

Cultures : blé, orge, colza, maïs, pomme de terre, betterave sucrière, vigne, safran, asperge, fraise, courge

Élevages : vache limousine, cheval, mouton, cochon cul-noir, chèvre, volaille

Chasse : pigeon, perdrix, faisan, bécasse, sanglier, chevreuil, canard et oie sauvages, lièvre, lapin de garenne

Pêche : carpe, truite, brochet, perche, sandre, anguille, alose, silure

Produits : fromages de brie et coulommiers, rillettes de carpe, pâté de cul noir, galettes briardes, vin d'épine, vin de Touraine

2- Quelques produits emblématiques

Les bries fermiers ont un goût puissant et rustique. Ils s'égouttent longuement sur un tapis de jonc. Choisissez-le avec une pâte jaune paille, onctueuse et souple mais qui ne coule pas. Son odeur est toujours assez forte.

Le vignoble du Val de Loire est la 3e région viticole de France. Ces vins étaient les préférés des rois de France. Aujourd'hui, ce vignoble est classé au patrimoine de l'humanité par l'UNESCO.

3- Quelques plats des grandes plaines

Le citrouillat est une spécialité du Berry. C'est une tourte, cuisinée avec la sucrine du Berry, une variété ancienne de courge. Cette tourte est à la fois croustillante et moelleuse.

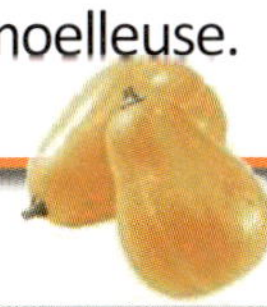

La culotte[1] beauceronne est un plat traditionnel de la Beauce. On fait mijoter, pendant 2h30, la viande de bœuf, avec un pied de veau, des carottes et des oignons, tout arrosé de vin blanc.

1 Culotte de bœuf = partie supérieure de la cuisse

La tarte Tatin vient de la vallée de la Loire. On pose la pâte sur les pommes caramélisées. Après la cuisson, on la renverse sur un plat. On la sert tiède avec un peu de crème fraîche ou fouettée.

9- La cuisine de la Champagne et des Ardennes

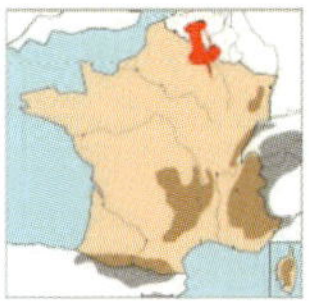

1- Les produits des terroirs du Nord-Ouest

Cultures : blé, orge, colza, pomme de terre, betterave sucrière, navet, carotte, oignon, asperge, chou, rhubarbe, pomme, prune noberte, fraise, melon, noix, vigne

Champignons sauvages : pied-bleu, pied de mouton, morille, pleurote, truffe

Élevages : vache, mouton, cochon, chèvre, volaille

Chasse : pigeon ramier, perdrix, caille, grive, faisan, canard sauvage, sanglier, cerf, chevreuil, lièvre, lapin de garenne

Pêche : saumon et truite des Ardennes, brochet, perche, alose, anguille, écrevisse

Produits : fromages (langres, chaource), jambon sec, andouillette, boudin blanc, pâté des Ardennes, biscuit rose de Reims, vinaigre, champagne

2- Quelques produits emblématiques

Les biscuits roses de Reims sont faits depuis le XVIIe siècle. Ces petits gâteaux champenois sont cuits deux fois, d'où le nom bis-cuit.

Le champagne est un vin pétillant protégé par une AOC. On boit du champagne surtout lors des fêtes ou des célébrations. On le boit dans des flûtes : des verres en forme de tulipe.

Le chaource est un fromage à pâte molle et à croûte fleurie. C'est un fromage très ancien. Des écrits du XIVe siècle parlent déjà de ce fromage.

3- Quelques plats de la Champagne et des Ardennes

L'andouillette de Troyes est une charcuterie faite de gros intestins et d'estomacs de porc. Elle peut être cuite avec de la moutarde, du vin blanc et de la crème fraiche.

Les écrevisses à la nage est un plat de la Haute-Marne. Les écrevisses à pattes rouges sont cuites, vivantes, au court bouillon avec du champagne.

Plat du pauvre, **la cacasse à cul nu** est préparée avec des pommes de terre et des oignons dans une cocotte en fonte frottée au lard. On dit « à cul nul », car il n'y a pas de viande.

10- La cuisine des îles

A1- Les produits de Corse

Cultures et élevages : agrumes, châtaigne, apiculture, vigne, cochon noir, mouton, chèvre, pêche en mer

Produits : charcuterie, fromage de brebis, huile d'olive, miel, vin

A2- Quelques produits emblématiques

La coppa est faite avec de l'échine de porc. La viande est salée, puis séchée au minimum 5 semaines. La coppa se mange bien sèche.

Le brocciu est un fromage corse fait avec du lait de brebis ou de chèvre. Quand il est frais, il est très doux. Mais quand sa croute est sèche, il est beaucoup plus fort.

A3- Quelques plats corses

Les migliacci ressemblent à de petites pizzas au brocciu. En Corse, on les mange en toutes occasions. On les trouve dans toutes les boulangeries.

Le pastizzu est un flan traditionnel corse. Il est fait avec du pain rassis. Mais il est parfumé avec des zestes de citron et recouvert de caramel.

B1- Les produits des Antilles et de la Réunion

Cultures: canne à sucre, patate douce, agrumes, avocats, fruits exotiques, gombo, café, cacao, muscadier, curcuma, vanille

Élevages : bœuf Brahman (Antilles), boeuf Moka (Réunion), cochon, poulet, pêche

Produits : jus de fruits, arômes alimentaires naturels, café, rhum et punch

B2- Quelques produits emblématiques

La vanille est une épice aromatique. Elle est le fruit d'une orchidée tropicale qui pousse comme une liane. Elle parfume de nombreuses pâtisseries.

La cassonade est le sucre roux de la canne à sucre. Son goût particulier donne une saveur spéciale aux pâtisseries.

B3- Quelques plats des iles tropicales

Aux Antilles et en Guyane, **les acras** sont de petits beignets frits. On y met de la morue, des fines herbes et du piment de cayenne.

Le rougail saucisse est une spécialité de la Réunion. On le prépare avec des oignons, du piment, du gingembre et des tomates. Le tout est mélangée à du riz et des saucisses créoles.

Bonus : La cuisine en fêtes

Produits : foie gras, huîtres, escargots, galette des rois, crêpes, agneau, dinde aux marrons, alcools divers, champagne

Avant de passer à table, les Français aiment prendre **l'apéritif**, c'est un moment convivial où l'on boit en mangeant des amuse-gueules.

Les Français fêtent **le Nouvel An** en famille ou entre amis. **Au repas du réveillon**, on mange des plats délicats comme du foie gras, du saumon fumé, des huîtres ou du homard. Et pour fêter l'arrivée de la nouvelle année, on trinque avec du champagne.

Le 1er dimanche de janvier, les Français fête **l'Epiphanie**. À cette occasion, ils mangent **la galette des rois**. À l'intérieur, il y a une fève. Celui qui la trouve devient le roi de la fête. En Provence, on préfère **le gâteau des rois**, une sorte de brioche.

Le 2 février, c'est **la Chandeleur**, ou la fête des chandelles. Ce jour-là, les Français font sauter **des crêpes**. Ils les accompagnent avec un bon cidre de Normandie.

Le matin de **Pâques**, les enfants cherchent **des œufs en chocolat** que leurs parents ont cachés. Mais à midi, tout le monde est autour de la table pour manger **de l'agneau**.

Au milieu d'un long repas, si on a déjà trop mangé, les Français font **le trou normand**. Ils prennent un petit verre de calvados accompagné parfois d'un sorbet à la pomme pour faciliter la digestion.

Le 25 décembre, les Français fêtent **Noël** en famille. **La dinde aux marrons** est un grand classique de ce repas. Et pour finir, ils mangent **une bûche de Noël**.

À La fin d'un repas de fête, après le dessert et le café, il arrive que les Français prennent **le digestif**. C'est soit un alcool fort, comme **un cognac** ou **une eau de vie**, soit **une liqueur** plus sucrée.

Solutions et transcriptions

Solutions et Transcriptions

Leçon 1 : Les repas en France

Activité 1

- Le petit-déjeuner → 7h – 8h
- Le déjeuner → 12h – 14h
- Le dîner → 20h – 22h

Activité 3

D

A

E

C

B

F

A. *Le pain de mie*
B. *Les biscottes,*
C. *Le beurre,*
D. *La confiture*
E. *Le miel*
F. *Le lait avec des céréales*

Activité 5

a) En France, le fromage est servi... o	o en famille.
b) Les Français boivent le café... o	o par une entrée.
c) Le déjeuner français commence ... o	o une tisane.
d) Après le diner, on boit souvent ... o	o à la fin du repas.
e) En France, on dine d'habitude ... o	o avant le dessert.

Activité 11

Le *kimchi* ***accompagne*** tous les repas. On le prépare avec du chou fermenté et mariné avec du piment et d'autres ingrédients. C'est le plat le plus populaire de Corée. On le ***prépare*** encore en famille en automne, pour toute l'année. C'est pourquoi les familles **utilisent** un frigo spécial. Le *kimchi* ***est*** le roi des *banchan,* les petits plats que l'on ***sert*** avec le plat principal. A mon avis, s'il y a un aliment que les étrangers devraient absolument goûter en Corée, c'est bien le *kimchi* !

a/ En Corée, on mange du *kimchi* rarement.	F
b/ On prépare le *kimchi* avant l'hiver.	V
c/ Le *kimchi* n'est jamais piquant.	F
d/ Le *kimchi* se conserve au réfrigérateur.	V

Leçon 2: Le pain à table

Activité 1

La France sans ***pain***, c'est comme Paris sans Tour Eiffel ! Mais pour les baguettes et les croissants, rien ne vaut les célèbres boulangeries françaises ! Les Français en mangent à tous les ***repas*** : petit déjeuner, déjeuner et dîner.

La baguette traditionnelle française pèse 250g. Elle est constituée de ***farine*** de blé, d'eau, de levure et de sel. Jamais surgelée, elle est fabriquée par le ***boulanger*** le même jour où elle est vendue.

Malgré son nom, **le pain de campagne** est une invention des villes. Il a une forme de boule plus ou moins allongée. Il pèse plus de 400g et il est fait avec deux sortes de ***farine*** : celle de blé et celle de seigle.

a/ Les Français ne mangent pas le pain au déjeuner. F

c/ Le pain de campagne peut être rond ou ovale. V

d/ Le boulanger utilise la même farine pour faire une baguette et un pain de campagne. F

e/ Chaque boulanger fait sa pâte lui-même. V

Activité 2

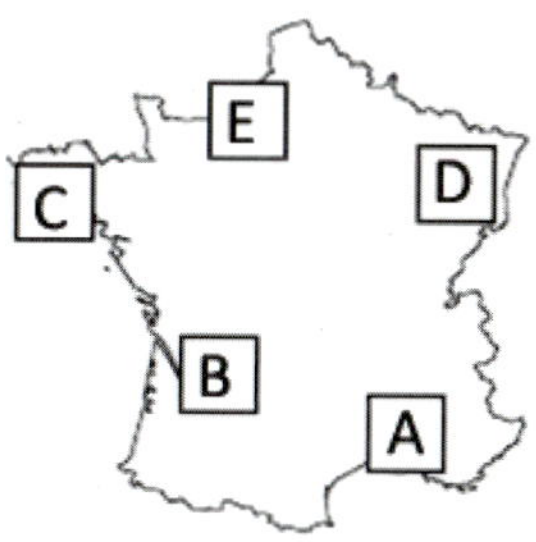

Activité 4

Activité 5

Au début du XXe siècle, chaque Français mangeait ***900*** grammes de pain par jour. Puis, en cent ans, sa consommation a beaucoup baissé. Dans les années soixante, les Français ne mangeaient que ***265*** grammes de pain, et aujourd'hui, leur consommation et de ***120*** grammes par jour.

Activité 6

- Pour une bouché de pain = pour presque rien
- gagner son pain = travailler, gagner sa vie
- partis comme des petits pains = vendus rapidement et facilement
- ça ne mange pas de pain = ça ne demande pas beaucoup d'effort

Leçon 3 : Le royaume des fromages

Activité 4

1.	2.	3.	4.	5.	6.	7.
G	B	E	D	F	A	C

Activité 5

Activité 7

a/ Quand faut-il sortir les fromages du réfrigérateur ? ***Une heure avant le début du repas***

b/ Comment les fromages sont-ils disposés sur le plateau ? ***Sans leur emballage***

c/ Quel fromage devrait-on manger en premier ? ***Le plus doux***

d/ Pourquoi doit-on découper les fromages selon une règle bien précise ? ***Par politesse, pour ne pas laisser la croute au dernier qui se sert***

Activité 8

Transcription Vidéo : couper le fromage - Karambolage – ARTE

« Vous le savez tous probablement, la France est à juste titre très fière de ses fromages, extrêmement variés et goûteux. Savez-vous que parlant de la France occupée par les Allemands, Winston Churchill a déclaré pendant la guerre, qu'un pays capable de donner au monde 360 fromages ne peut pas mourir. Voilà qu'ils nous ont peut-être sauvé, nous le Français. Le général de Gaule, lui, aurait décrété un peu plus tard, alors que la lourde tâche de gouverner un pays lui incombait : « On ne peut pas gouverner un pays qui offre 246 variétés de fromage ». Quoi qu'il en soit, la France est toujours là et elle a un gouvernement toujours autant de fromages.

Et voici aujourd'hui, un monsieur français, qui a invité à sa table un monsieur allemand, a partagé avec lui un magnifique plateau de fromages. Vous remarquerez que la production étant pingre, nous n'avons pas pu vous présenter les 360 fromages en question, et que nous n'avons dû nous rabattre que sur ce très modeste plateau. Un bon vrai camembert au lait cru et non pasteurisé, un magnifique morceau de Saint Nectaire, un morceau de roquefort, et un chèvre en forme de pyramide.

Bon, notre ami français, bien poli, propose à notre ami allemand d'entamer ce beau camembert. Ah ! Au secours ! Voilà qu'il coupe allégrement le camembert en tranches.

Quelle horreur ! C'est comme si on arrachait les ongles à notre ami français. Mais non, voyons, on ne fait pas du tout comme ça ! Le camembert se coupe toujours à partir du centre, mais oui, en portions triangulaires. Voilà, notre ami français propose un joli morceau à son compère allemand. En le coupant de sorte, chaque convive profite du cœur bien moelleux, c'est le meilleur endroit du camembert. Un pur régal !

Bon, notre ami allemand ne s'en laisse pas compter, et attaque maintenant le roquefort qui n'est pas rond, lui, avec un bel entrain. Non, non, et voilà qu'il se coupe une belle tranche bien droite ! Mais non, voyons, on ne prend pas la meilleure partie du roquefort pour soit tout seul ! Ici aussi, le cœur est l'endroit le plus moelleux, le plus goûteux et il faut le partager avec les autres. Notre ami français va lui montrer comment faire. On coupe le roquefort en tranche perpendiculaire au bord, voilà, toujours dans le même esprit : chacun profite alors du cœur bien bleu et bien tendre et prend sa parte de l'extérieur bien plus sec. Notre ami allemand le fera dorénavant comme il faut.

Osera-t-il se couper un morceau de Saint Nectaire ? Et « tchac ! », rebelote, notre ami coupe la pointe bien proprement, un joli triangle équilatéral, et là encore, il en fera de bonne manière ! Et oui. Couper le fromage est tout un art en France et les petits Français apprennent ça avec le lait du biberon. On coupe le Sant Nectaire un peu comme le roquefort, en tranches dans la longueur, il en va toujours la même chose : laisser à chacun un morceau bien tendre. Voilà, ce Sant nectaire a l'air fait à point, on en a l'eau à la bouche.

Ultime tentative avec la bûche de chèvre, que, vous l'aurez anticipé, notre ami allemand débite gentiment en tranche qu'il tartine aussi sec sur son bout de baguette comme pour en faire un sandwich. S'en est trop. Notre ami français lui montre, comment tailler une pyramide. Il faut couper très délicatement un triangle fin à partir du sommet et jamais on ne tartine pas son pain de cette façon. Mon Dieu ! Là aussi il y a tout un art à respecter. On dépose sur son assiette un bout de fromage, on coupe un petit morceau de pain, sur lequel on dépose un petit morceau de fromage, ça s'appelle un cavalier, on déguste cette bouchée qui permet au fromage de développer toute sa saveur. C'est délicieux et élégant.

A table, on est tenté de reprendre un petit bout de fromage pour terminer son pain, de se resservir un petit peu de vin pour terminer son fromage, et donc du pain, et puisqu'il reste un peu de vin, ... »

Activité 9

1. Au supermarché
2. Chez un crémier-fromager
3. Au marché traditionnel
4. Chez un petit producteur
5. En ligne

Leçon 4 : Le vin et les vignobles

Activité1

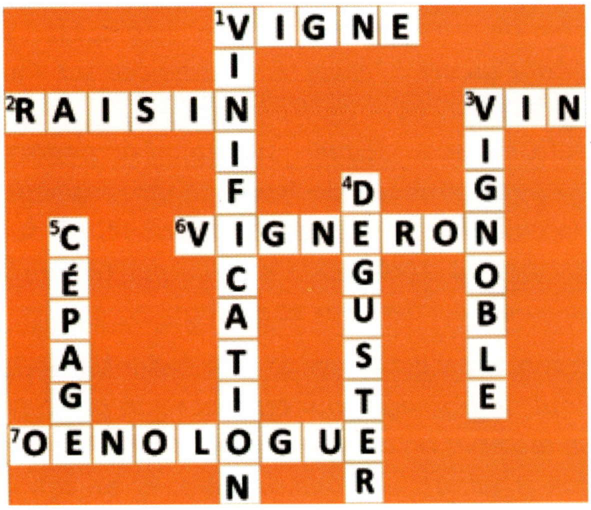

Activité 8

Activité 3

le bordeaux	au Sud-Ouest
le côte du Rhône	au Sud-Est
le beaujolais	à l'Est
le vin d'Alsace	au Nord-Est
le côte de Provence	au Sud-Est
le vin de Jura	au Nord-Est

Activité 9c

◯ ~~onologue~~
◯ ~~eunologue~~
☑ œnologue

Activité 4

a/ De quel terroir bordelais vient ce vin ? – **du Médoc**

b/ En quelle année le vin a été mis en bouteille ? **2015**

c/ Où ce vin a-t-il été mis en bouteille ? – **à la propriété**

d/ Combien de vin il y a dans cette bouteille ? **750ml**

Activité 7

Situation 1 : **un vin rosé**
Situation 2 : **un vin blanc sec**
Situation 3 : **un vin blanc doux**
Situation 4 : **un vin pétillant/du champagne**

Leçon 5 : Les viandes et les poissons

Activité 1

a/ Les Français mangent de plus en plus de viande.	**F**
b/ Les races de vache ont des couleurs différentes.	**V**
c/ Parmi les viandes, c'est le bœuf que les Français mangent le plus.	**F**
d/ Dans chaque terroir, on élève des vaches différentes.	**V**

Activité 4

- **300g** de veau
- **4** petits oignons
- **100g** de champignons de Paris
- **25cl** d'eau
- **1** bouquet garni (plantes aromatiques)
- 1 **jaune d'œuf**
- 50g de **crème fraiche**
- ½ **citron**

Activité 9

1.	2.	3.	4.	5.	6.	7.	8.
H	G	E	B	F	A	C	D

Activité 10 : la caille  et le pigeon 

Activité 11

a/ La poule de Bresse est ☑ blanche, ☐ rousse ou ☐ noire ?
b/ Elle a les pattes ☐ jaunes, ☐ oranges ou ☑ bleues ?
c/ Elle a la crête de quelle couleur ? **rouge**

Activité 12

Sardine

Maquereau

Lotte

Dorade

Sole

Thon

Truite

Brochet

Activité 13

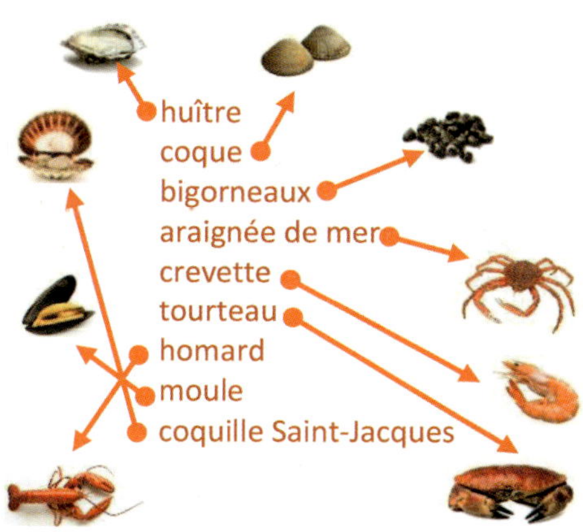

Leçon 6 : Les plats préférés des Français

Activité 1

a/ Le pot-au-feu est un plat traditionnel. V
b/ Les Français sont plutôt végétariens. F
c/ Ils ne mangent pas de poissons. F
d/ Ils aiment aussi des plats étrangers. V
e/ Ils adorent les fondants au chocolat. V

Activité 2

Activité 5

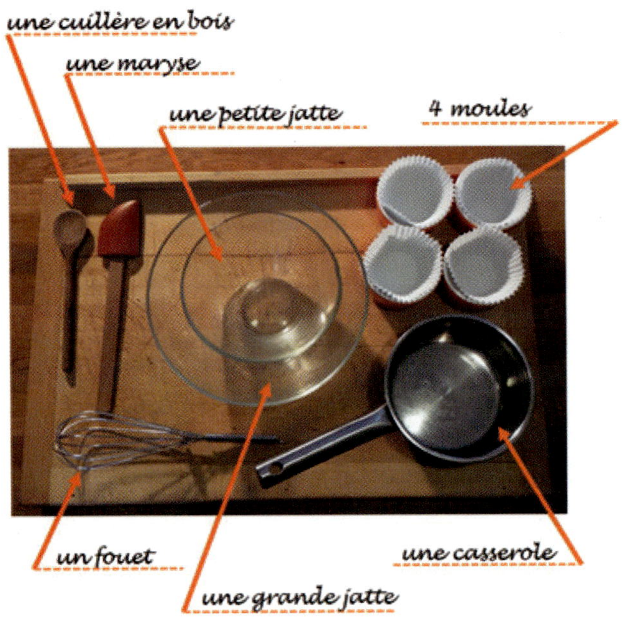

Transcription de la vidéo : les ustensiles

« Comme ustensiles, nous avons besoin d'une petite jatte, d'une cuillère en bois, d'une casserole. Ces trois éléments sont pour préparer le chocolat. Nous avons besoin aussi d'un fouet et d'une jatte plus grande. Nous avons aussi besoin d'une maryse. Et comme notre recette est pour 4 personnes, nous avons besoin de 4 moules. »

Activité 6

100g de chocolat noir et
un peu de chocolat blanc
35g de beurre
1 cuillère de farine
80g de sucre blanc + sucre vanillé
3 œufs

Transcription de la vidéo : Les ingrédients

*« La recette du jour est une des recettes préférées des Français : le fondant au chocolat. Pour faire les fondants au chocolat, nous avons besoin de **chocolat noir, 100 grammes**. Nous avons besoin d'une autre sorte de chocolat, ici le chocolat blanc. Mais nous pouvons avoir du chocolat au lait, du chocolat à l'orange ou un autre type de chocolat. Nous avons besoin aussi de **35 grammes de beurre, une cuillère de farine, 80 grammes de sucre** : du sucre vanillé et du sucre blanc. **En tout 80g**. Et il nous faut également **3 œufs**. Voilà les simples ingrédients qu'il nous faut pour faire les fondants au chocolat. »*

Activité 7

1.	2.	3.	4.	5.	6.
E	F	B	D	A	C

Transcription de la vidéo : la recette

« Pour la préparation de la pâte, je vais tout d'abord mélanger les éléments secs : le sucre et la cuillère de farine. A l'intérieur, je vais y mettre les œufs. Je mélange vigoureusement à fin d'obtenir une consistance lisse. Maintenant, préparons le chocolat. Pour faire fondre le chocolat, dans la casserole, je vais y mettre de l'eau, parce que nous allons faire fondre le chocolat au bain-marie. Faire fondre au bain-marie, c'est mettre une jatte dans une casserole d'eau que l'on met à chauffer. Je mets mon chocolat et le beurre. Au bain-marie, le chocolat va fondre doucement. ...Voilà, le beurre et le chocolat ont complétement fondus, et je vais verser ce chocolat dans la pâte. Et c'est maintenant que nous avons besoin de la maryse, pour récupérer le chocolat. ...Voilà, je mélange le chocolat et la pâte ensemble. ...Maintenant, je vais commencer à remplir les moules. Alors, je ne les remplis pas complétement, je mets juste un peu de cette préparation au chocolat au fond de chaque moule. Ensuite, je vais venir déposer dans chacun des moules deux carrés de chocolat, c'est ce chocolat, qui sera fondant. Et je complète avec le reste de chocolat. ...Nos fondants sont prêts à cuire, j'ai mis le four à chauffer à 210°C. 10 minutes... A tout à l'heure pour la dégustation ! »

Activité 8

a/ Olivier a commencé à cuisiner grâce à : ☐ son père ☑ sa mère ☐ son frère

b/ Quand il était enfant, il a appris à cuire des : ☑ gâteaux ☐ plats ☐ soupes

Activité 9

Tarte aux **pommes**

Roulade à la confiture de **fraise**

Leçon 7 : Des boissons bien françaises

Activité 1

CARAFE – PICHET– EAU DU ROBINET

Activité 3

Activité 7

		1 P		2 F	R	A	I	S	E
		O		R					
	3 M	I	R	A	B	E	L	L	E
		R		M					
		E		B					
				O					4 M
5 M	Y	R	T	I	L	L	E		U
				S					R
		6 Q	U	E	T	S	C	H	E
		7 C	A	S	S	I	S		

Activité 8

les pommes / le cidre / le calvados
la canne à sucre / le jus de canne / le rhum /
le raisin / le vin / le cognac

Activité 4

a/ Les Français sont de gros consommateurs de bière.	**F**
b/ Beaucoup de bières françaises sont vendues dans le monde.	**V**
c/ La Kronenbourg est brassée en Bourgogne.	**F**
d/ La bière Pelforth vient du Nord de la France.	**V**
e/ Les étudiants français boivent souvent la desperados	**V**

Leçon 8 : Les cafés français

Activité2 cherchez l'intrus :

a/ ouvrier

b/ travailler

Leçon 9 : Les Français à table

Activité1

a/ Henri III, roi de France, a inventé la fourchette. **F**

Justifiez : **La fourchette est utilisée depuis le XIe siècle en Italie.**

b/ Le couteau de table est utilisé en France depuis le début du XVIIe siècle. **V**

Justifiez : **En 1610, le cardinal Richelieu fait arrondir les lames des couteaux.**

Activité 5

Extrait-1

a/ L'équipe chargée de dresser la table pour un déjeuner d'Etat s'appelle *l'intendance*. **V**

b/ Les cuisiniers choisissent la vaisselle à mettre sur la table. **F**

Extrait-2

La mise en place peut alors commencer. Méticuleuse et précise. Chaque assiette est placée à exactement **2cm** du bord de la table. Chacune est éloignée de sa voisine de **55cm**. Lors des grands dîners, la distance requise est de **70cm**. Prennent place ensuite les couverts en argent et verres en cristal. Au bout **d'une** heure, la table est dressée. Les verres sont ordonnés en losange et le livret du menu vient d'être envoyé par l'imprimerie nationale.

Activité 8

Comment s'assoir ?

a/ ☑ Se tenir bien droit avec un espace entre le dossier et le dos

b/ ☐ Être enfoncé le dos contre son dossier

Que faire avec la serviette ?

a/ ☐ Mettre la serviette dans sa chemise

b/ ☑ Poser la serviette dépliée sur ses genoux

Comment tenir ses mains ?

a/ ☑ Poser les poignets de part et d'autre de l'assiette

b/ ☑ Poser les coudes sur la table, les mains jointes

c/ ☐ Poser les mains sur ses genoux

Comment poser ses couverts ?

a/ ☑ Lors d'une pause, posez-les vers le centre de l'assiette, sans les croiser.

b/ ☐ Lors d'une pause, posez-les sur la nappe.

c/ ☑ Quand on a fini de manger, posez-les sur l'assiette du même côté sans les croiser.

Activité 9

<u>A table, on devait :</u>

- ☑ rester assis, sans bouger
- ☐ ne pas rire
- ☑ mettre les mains sur la table
- ☑ mettre la serviette sur ses genoux
- ☑ demander poliment chaque objet
- ☐ ne pas parler
- ☐ ne pas lécher le couteau
- ☐ ne pas manger avec les mains
- ☑ manger la bouche fermée
- ☑ ne pas parler la bouche pleine

Leçon 10 : L'histoire de la cuisine française

Activité 1

a/ Les Gaulois n'aimaient pas manger de la viande.	**F**
b/ Les Romains ont apporté leur tradition culinaire en Gaule.	**V**
c/ Le riz est connu en France depuis le Moyen Age.	**V**
d/ Les pommes de terre sont originaires d'Asie.	**F**

Activité 2

a/ Au XVIe siècle, les Français découvrent la cuisine italienne.	**V**
b/ La grande cuisine française est née à la cour du roi Soleil.	**V**
c/ Les grands restaurants apparaissent avant la Révolution française.	**F**
d/ À partir du XIX siècle, la grande cuisine française est connue dans le monde.	**V**
e/ Les guides gastronomiques existent depuis plus de 200 ans.	**V**
f/ La *nouvelle cuisine* est trop lourde, plus riche.	**F**

Activité 3

patrimoine	spirituel
immatériel	rencontres
coutumière	de fête
retrouvailles	héritage
festif	traditionnelle

Activité 6

1	2	3	4	5
B	D	C	A	E

Références des images

Couverture : https://svgsilh.com/fr/ (image et icône SVG gratuite. Tous les contenus sont publiés sous Creative Commons CC0.)

Leçon 0

Plats coréens
https://www.coree-passion.fr/2010/11/le-bulgogi/
https://www.pinterest.co.kr/pin/518617713320922991/?lp=true
https://fr.m.wikipedia.org/wiki/Fichier:Korean.food-Bibimbap-02.jpg
https://fr.wikipedia.org/wiki/Tteokbokki
https://www.atelierdeschefs.fr/fr/recette/13451-kimbap-coreen.php

Leçon 1

Bar brasserie Le matin : Marcela Meidinger
Le petit déjeuner en France
https://www.bonnemaman.ch/fr/catalogue-confitures-tradition-fraises-370-g-c1-t1-p10.php
https://www.femmeactuelle.fr/cuisine/recettes/plat/pain-de-mie-sans-sel-12178
https://www.mariefrance.fr/equilibre/sante/naturel-parallele/les-vertus-du-miel-des-villes-176708.html
https://www.cuisineaz.com/recettes/un-beurre-qui-transforme-tout-en-fete-le-beurre-safrane-54229.aspx
https://www.academiedugout.fr/ingredients/biscotte_411
https://fr.123rf.com/photo_14633309_bol-de-corn-flakes-avec-du-lait-et-une-cuill%C3%A8re-isol%C3%A9-sur-blanc.html
Commander au restaurant
Terrasse à Toulouse : Marcela Meidinger
http://lespetitsplat.canalblog.com/archives/2012/09/06/25045409.html
Plats coréens
https://www.bonnemaman.ch/fr/catalogue-confitures-tradition-fraises-370-g-c1-t1-p10.php
https://www.femmeactuelle.fr/cuisine/recettes/plat/pain-de-mie-sans-sel-12178
https://www.mariefrance.fr/equilibre/sante/naturel-parallele/les-vertus-du-miel-des-villes-176708.html
https://www.cuisineaz.com/recettes/un-beurre-qui-transforme-tout-en-fete-le-beurre-safrane-54229.aspx
https://www.academiedugout.fr/ingredients/biscotte_411
https://fr.123rf.com/photo_14633309_bol-de-corn-flakes-avec-du-lait-et-une-cuill%C3%A8re-isol%C3%A9-sur-blanc.html
Banchan
http://atelier.de.francais.over-blog.com/article-les-recettes-de-quelques-banchans-49905953.html
le petit déjeuner coréen et français
http://lostinseoul.over-blog.com/article-petit-dejeuner-coreen-56418403.html
https://turbigo-gourmandises.fr/histoire-du-petit-dejeuner-a-la-francaise-manifeste/
Kimchi
http://www.wikiwand.com/en/List_of_Korean_dishes
Quiz
http://alabonnevie.com/restaurant_fr.html

Leçon 2

Baguette, pain de campagne
http://senbusinet.com/baguette-pain-boulangerie_5879711/
https://www.oberweis.lu/boutique-online/boulangerie/pains-petits-pains/pains/pain-de-campagne
https://es-la.facebook.com/mistercroq/photos/croque-monsieur-au-pain-de-campagne-/1310342428993392/
Pains régionaux
http://www.normandie-heritage.com/spip.php?article325
https://odelices.ouest-france.fr/recette/pain-chapeau-breton-levain-maison-express-r3875/
http://www.boulangerie-gwinner.fr/boulangerie-a-emporter/10-suweckla-traditionnel.html
https://www.monfournil.fr/recettes/fougasse-pain-sud/
Viennoiseries
https://appartbrestcity.fr/produit/pain-au-chocolat/
http://blog.univ-angers.fr/encasdumonde/tag/croissant/
http://www.epi-lyonnais.fr/viennoiseries/38-chausson-aux-pommes.html
http://frirlandais.over-blog.com/2014/06/le-pain-aux-raisins.html
http://www.boulangerie-garreau.fr/boutique/le-petit-dejeuner-le-gouter/petit-gateaux/palmier.html
https://lareinette34.skyrock.com/2076716475-PAIN-AU-LAIT.html
Comment manger le pain à table
https://www.vega-direct.com/be-fr/corbeilles-a-pain/
+ 4 photos Marcela Meidinger
Evolution de la consommation du pain
http://bonmatin.ch/corbeille-pains-raw/
https://www.france.fr/fr/actualite/liste/5-minutes-pour-tout-savoir-sur-le-pain-francais

Leçon 3

Consommation du fromage
http://www.savencia-fromagedairy.com/fromage/
vache, chèvre brebie
https://fr.wikipedia.org/wiki/Vache
https://animalcrossing.fandom.com/fr/wiki/Ch%C3%A8vre
https://fr.khabarpress.com/14173-insolite-un-couple-adopte-un-enfant-pour-faire-plaisir-a-leur-mouton.html
fromages au marché : Marcela Meidinger
Salade au chèvre chaud
https://www.ceinfo.fr/Forum/salade-au-chevre-chaud-t92.html
Diversité régionale
http://www.enfinlefromager.fr/les-produits-chevres-pouligny-saint-pierre.html
https://www.60millions-mag.com/2019/03/27/bien-choisir-un-camembert-12573
https://www.quiveutdufromage.com/f-maroilles
https://www.quiveutdufromage.com/f-munster
https://www.artisansetterroirs.com/lyon/cremerie/7659-5680-comte-vieux.html
https://www.60millions-mag.com/2019/04/05/brie-de-coulommiers-fromages-de-la-brie-12619
https://blog-lefromage.com/2014/02/16/le-fromage-roquefort-de-lartisan-le-vieux-berger/
https://www.lechariotafromages.fr/raclettes/62-raclette-suisse-saint-niklaus.html
http://www.fromagerie-tourrette.com/fromage/ossau-iraty-aop
https://www.papillesetpupilles.fr/2015/04/brocciu.html/
Types de pâte de fromage
https://www.myprimeur.fr/cr%C3%A8merie.html
http://www.fromagesfermiers-idf.fr/produits-frais.php
https://www.papillesetpupilles.fr/2014/02/les-fromages-a-pate-persillee.html/
https://kissmychef.com/chaud-devant/loeuf-ou-la-poule-chaud-devant/matieres_premieres/le-top-10-des-fromages-a-pate-dure
https://www.foodette.fr/blog/le-savoir-faire-des-artisans/familles-fromages/

Plateau de fromage
https://www.fromager.net/fromages/en-image-quelques-plateaux-de-fromages-de-france
Fromages dans le commerce
une fromagère au marché : Marcela Meidinger
https://www.lsa-conso.fr/metre-de-bronze-ex-aequo-savencia-reveille-le-fromage-a-la-coupe,249996
http://mesdelices.fr/2016/03/25/fromager-de-montchat/
https://www.laboitedufromager.com/
Quiz
https://wesavoirfaire.com/magazine/chiffres-production-consommation-fromage-france/12543/
https://www.quiveutdufromage.com/hf-tous-les-fromages-tous-types-de-gouts_152
https://www.quiveutdufromage.com/hf-tous-les-fromages-tous-types-de-gouts_152
http://www.maroilles-infos.com/fier-de-ses-origines-et-de-son-histoire/
https://drivedescollines.fr/produits-laitiers-fromages/les-fromages/fromage-de-chevre-frais-nature/

Leçon 4

Vocabulaire du vin
Bouteilles de vin sur une table : Rodolphe Meidinger
Carte des vignobles
https://croixsaintjulien.fr/carte-du-vignoble-francais/
Points cardinaux
http://martial.berthot.free.fr/newsite/6egeo/espaceproche/situer__laide_des_points_cardinaux.htmlhttps://picclick.fr/Leonardo-Puccini-Coupe-%C3%A0-Champagne-Flute-Champagne-Teqton-312495831838.html
Etiquettes
https://www.calvertwoodley.com/wines/Chateau-de-Camblanc-Medoc-2015-w2138779ip
http://www.boottle.fr/etiquette-vin-beaujolais.html
http://www.vins-schmitt.com/fr/JPSnosvins.htm
Quels vins à table
http://www.sommelier-vins.com/article-1121744.html
https://www.papillesetpupilles.fr/2016/07/accords-mets-vins-quelques-regles-de-base.html/
https://www.idealwine.net/quels-accords-table-du-champagne/
Extrait d'un film
https://www.wine-searcher.com/find/leoville+cases+grand+de+st+julien+medoc+bordeaux+france/1993
http://baguionews.net/apprendre-metier-oenologue/
Quiz
https://www.toutlevin.com/article/quels-vins-boire-avec-un-steak-frites
https://www.cuisineaz.com/diaporamas/plats-de-poisson-bretons-346/interne/1.aspx
https://www.cuisineaz.com/recettes/tarte-normande-aux-pommes-23530.aspx
plateau de fromages : Marcela Meidinger
https://boutique.wolfberger.com/notre-oenologue-vous-conseille

Leçon 5

Expresso, café filtré
https://boutiquesinternet.fr/portail/4675-porte-filtre-a-cafe-porcelaine-sandro-ref160x0.html
Dans un café parisien : Marcela Meidinger
Cafés littéraires
https://fr.wikipedia.org/wiki/Caf%C3%A9_Procope
http://www.wikiwand.com/fr/Caf%C3%A9_(%C3%A9tablissement)
Cafés en peinture
https://testclod.blogspot.com/2016/06/au-cafe-la-mie-henri-de-toulouse.html
https://www.pinterest.fr/pin/648236940087755331/?lp=true
https://fr.wikipedia.org/wiki/Terrasse_du_caf%C3%A9_le_soir
https://fr.wikipedia.org/wiki/Coin_de_caf%C3%A9-concert
Conseils de Chloé
Terrasse de café à Paris en hiver : Marcela Meidinger
Terrasse de café à Bordeaux en été : Marcela Meidinger
Anticafés
http://www.leparisien.fr/hauts-de-seine-92/la-defense-a-son-anticafe-30-01-2018-7531401.php
Quiz
Terrasse de café Bordeaux : Marcela Meidinger

Leçon 6

Couverts
https://www.hellopro.fr/couverts-baguette-inox-style-classique-2005977-525175-produit.html
https://fr.wikipedia.org/wiki/Henri_III_(roi_de_France)
https://en.wikipedia.org/wiki/Cardinal_Richelieu
https://www.boutiquemedievale.fr/fr/Table-Camp/Couteaux-Medievaux/
http://lecanardinutile.blogspot.com/2010/04/mais-ca-pique-ces-trucs-bonjour-tous-me.html
Comment se servir de son couvert
4 images : Marcela Meidinger
Comment dresser la table
https://www.leboncoin.fr/arts_de_la_table/offres/midi_pyrenees/haute_garonne/p-408/
Comment se tenir à table
10 images : Marcela Meidinger
Aude raconte
Portrait : Marcela Meidinger
3 jeunes hommes à table : Marcela Meidinger
Quiz
https://www.lestendances.fr/couverts-c-130.html
https://fabiosa.fr/lbmkt-ctins-rseln-auibr-trmls-pbmvn-test-sur-l-etiquette-pour-les-femmes-quelles-sont-les-bonnes-manieres-a-table/
http://www.mhamiable.fr/verres-a-table-design-art-de-la-table-19044/
https://www.cuisinealafrancaise.com/fr/11-manieres-de-table

Leçon 7

Chloé parle des plats
http://fr.bigpoint.com/farmerama/board/index.php?threads/pour-les-moins-de-210-de-qi.10492/page-2443#post-515348
https://www.marmiton.org/recettes/recette_lasagnes-a-la-bolognaise-tres-facile_70480.aspx
https://www.marmiton.org/recettes/recette_verdadera-paella-espanola_219660.aspx
https://www.mabierebox.fr/blog/recette/biere-magret-canard/
Plats préférés des Français
https://cuisine.journaldesfemmes.fr/recette/304981-hachis-parmentier
https://www.vzug.com/ch/fr/product/ch-Catalog/vzug.recipe.2018.Boeuf_Bourguignon
https://www.foodnetwork.com/recipes/geoffrey-zakarian/dover-sole-meuniere-3185347
https://www.cuisineactuelle.fr/recettes/gigot-d-agneau-aux-aromates-209311
ttps://fr.m.wikipedia.org/wiki/Fichier:Pot-au-feu2.jpg

Desserts préférés des Français
Crème brulée : Marcela Meidinger
Fondant au chocolat : Marcela Meidinger
Mille-feuille : Marcela Meidinger
https://www.750g.com/mousse-au-chocolat-r73871.htm
https://www.atelierdeschefs.fr/fr/recette/4784-baba-au-rhum.php
https://www.soleou.fr/blog/recette-de-crepes-sucrees-a-l-huile-d-olive-n59
Fondants au chocolat
4 images : Marcela Meidinegr
Sabina raconte
Portrait : Marcela Meidinger
https://www.marmiton.org/recettes/recette_gateau-roule-a-la-confiture_17005.aspx
https://www.cuisineaz.com/recettes/tarte-aux-pommes-et-confiture-d-abricots-facile-38546.aspx

Quiz
http://footage.framepool.com/fr/shot/703282272-separer-diviser-faire-la-cuisine-preparer-processus
http://footage.framepool.com/fr/shot/665754685-fouetter-creme-fouet-cuisine-remuer-melanger
https://www.cuisineaz.com/articles/comment-faire-un-bain-marie-1888.aspx
https://www.marmiton.org/recettes/recette_thermostat-et-chaleur-du-four-les-reglages-de-temperature_28329.aspx

Leçon 8

Les Gaulois
http://www.avlnc.nc/blog/wp-content/uploads/2014/12/nathan-puzzles-87737-puzzles-1500-pieces-le-banquet-asterix-puzzle-animaux.jpg - https://www.nathan-puzzle.fr/catalogue/mes-heros/
https://www.debitdejeux.fr/2017/08/18/grande-reunion-de-rentree/
Les Romains
https://www.consultant.borisfoucaud.com/livre-de-cuisine-cuisine-editoriale/
https://levinpourtous.com/1-an-dans-la-vigne-decouvrez-les-10-etapes-du-cycle-vegetatif-de-la-vigne/
Moyen Age
http://www.wikiwand.com/en/Tr%C3%A8s_Riches_Heures_du_Duc_de_Berry
https://flandre-au-lion.skyrock.com/3147940146-LES-EPICES-AU-MOYEN-AGE.html
https://cuisinerenaissance.wordpress.com/2014/12/20/la-decouverte-des-nouveaux-horizons/
Renaissance
http://www.wikiwand.com/fr/Catherine_de_M%C3%A9dicis
https://www.dreuz.info/2018/06/09/jai-cette-pensee-que-le-g7-est-une-farce-ou-se-dilapide-largent-des-contribuables/sir-william-quiller-orchardson-the-young-duke/
Révolution
https://restaurant.michelin.fr/2a7edmf/le-grand-vefour-paris-01
XIXe siècle
https://en.wikipedia.org/wiki/Marie-Antoine_Car%C3%AAme
https://www.gralon.net/articles/gastronomie-et-alimentation/restaurant/article-auguste-escoffier---biographie-et-heritage-10068.htm
https://fr.wikipedia.org/wiki/Fichier:Almanach-des-Gourmands.jpg
Nouvelle cuisine
https://fr.wikipedia.org/wiki/Nouvelle_cuisine
Gastronomie et Unesco
https://whc.unesco.org/fr/embleme/
https://www.virginradio.fr/4-conseils-pour-survivre-au-traditionnel-repas-de-noel-en-famille-a667764.html
Produits labélisés
https://fr.wikipedia.org/wiki/Label_Agriculture_biologique
https://fr.wikipedia.org/wiki/Appellation_d%27origine_contr%C3%B4l%C3%A9e
http://www.le-panier-de-flo.fr/beurre-et-lait/8722-beurre-de-bresse-en-barrate-aoc-250g-1000.html
http://www.bureaudepresseagro.com/index.php/les-oeufs-bio-belle-progression-pour-une-consommation-responsable/
Guide Michelin
https://www.amazon.fr/Michelin-Red-Guide-2019-France/dp/206723336X
Quiz
https://www.egaliteetreconciliation.fr/Asterix-et-Obelix-sont-des-nazis-8212.html
https://maritimecyprus.com/2017/12/04/united-nations-global-ocean-science-report/unesco-logo/
http://www.dominique-bouchet.com/en/dominique-bouchet-paris-salon01/
http://www.restoaparis.com/fiche-restaurant-paris/les-4-freres.html

Leçon 9

Races bovines – carte, race charolaise
https://www.la-viande.fr/animal-elevage/boeuf/races-bovines
https://www.la-viande.fr/boeuf/races-bovines/france/charolaise
Roti de bœuf
https://www.marieclaire.fr/cuisine/roti-de-boeuf-a-l-ail-en-chemise,1202173.asp
Pot-au- feu
https://www.cuisineaz.com/recettes/pot-au-feu-au-cookeo-98225.aspx
bœuf bourguignon
https://www.cookomix.com/recettes/boeuf-bourguignon-thermomix/
Hachi Parmentier
https://www.cuisineactuelle.fr/recettes/hachis-parmentier-a-la-joue-de-boeuf-349235
morceaux de bœuf
https://frenchmorning.com/bien-choisir-viande-chez-boucher-americain/
Brebie et agneau
https://fr.freepik.com/photos-vecteurs-libre/brebis
Vache et veau
https://fr.freeimages.com/search/calf
Blanquette de veau - ingrédients
https://www.amazon.fr/Carr%C3%A9-b%C5%93uf-Basse-c%C3%B4te-Blanquette-Livraison/dp/B01DDMGSIO
https://www.miamtag.com/produit/5060/oignon-grelot
https://www.atelierdeschefs.fr/fr/ingredients-cuisine/258-le-champignon-de-paris.php
https://www.istockphoto.com/be/photo/verre-deau-gm184617944-17996176
https://fr.wikipedia.org/wiki/Bouquet_garni
https://www.plaisirslaitiers.ca/recettes/creme-fraiche
Gigot d'agneau
https://www.cuisineactuelle.fr/recettes/gigot-d-agneau-aux-aromates-209311
Charcutterie
http://gourmetpedia.org/produits/charcuterie/andouille-et-andouillette/
https://www.edenbio.shop/charcuterie-bio/boudin-noir-nature.html
https://www.chezpaulette.org/detail-porc/108-saucisse-fraiche-500g-porc.html
https://www.expertfrais.fr/489-saucisson-sec-fermier-lot-de-5-pi%C3%A9ces-.html
https://www.academiedugout.fr/ingredients/lard_523
https://www.marieclaire.fr/cuisine/terrine-de-porc-aux-quatre-epices,1200130.asp
https://www.cuisineaz.com/recettes/rillettes-de-porc-faciles-79954.aspx
https://www.lescharcuteries.fr/produits/pates-et-terrines/

Volaille
http://www.a-nimes-al.fr/volaille/
poulet de Bresse
https://fr.wikipedia.org/wiki/Fichier:Poulet_de_Bresse_-_Bresse_Chicken.jpg
poissons
http://www.baiedauthie.fr/les-maquereaux-en-baie-dauthie/
https://www.fruitsdelamer.com/poissons/lotte-baudroie/
https://www.marmiton.org/recettes/index/ingredient/sardine
https://cuisine.journaldesfemmes.fr/encyclopedie-produits/1956615-truite/
https://www.biendecheznous.be/poisson/poissons/la-limande-sole
https://cuisine.journaldesfemmes.fr/encyclopedie-produits/1954192-brochet/
http://www.surfcasting-mediterranee.com/poissons/la-dorade-royale.html
https://pixabay.com/fr/illustrations/nageoires-jaunes-thon-poissons-1592930/

Leçon 10

Carafe, pichet
https://www.swissinfo.ch/fre/fin-du-verre-d-eau-gratuit-dans-les-bistrots-/7114082
https://blogresto.com/on-refuser-carafe-deau-au-restaurant/
Eau gazeuse
http://www.thinkstockphotos.fr/image/photo-versez-de-l-eau-gazeuse-dans-un-verre/916352338
Eau plate et pétillante
https://www.rtbf.be/tendance/bien-etre/detail_eau-gazeuse-quels-bienfaits-et-quels-risques?id=9716601
Carte de France
http://paysnedelamer-tourisme.fr/carte-de-la-france-departement-et-regions-2/
Eaux minérales
https://watershop.fr/boutique/eaux/ogeu-eau-minerale-petillante-des-pyrenees-de-source-artesienne-water-pure/
https://www.justeatemps.be/BO05/4172/evian-verre-consigne-1l-12.html
https://www.aries-vins.com/eau-des-abatilles/4159-eau-plate-des-abatilles.html
http://www.dab-boissons.fr/une-gamme-complete/Eaux/Verre-consigne/121-badoit-20-x-50-cl
http://panchout-traiteur.com/les-boissons/57-eau-minerale-vittel-.htmlhttp://www.eau-plancoet.com/notre-gamme/eau-minerale
https://www.lsa-conso.fr/la-bouteille-de-quezac-se-ressource,142291
https://www.france-export-fv.com/Vichy-St-Yorre-33-cl
https://www.nicolas.com/fr/Sans-Alcool/Perrier-75cl/p/358634.html
Bières
https://www.biere-discount.com/bouteilles-de-biere/799-kronenbourg-75cl.html
https://www.saveur-biere.com/fr/verres-a-biere/9217-verre-1664-33cl.html
https://www.labierepression.fr/accessoires-lot-6-verres-pelforth.html
http://www.guidedesbieres.com/biere449/pelforth-brune.html
https://www.auchan.fr/desperados-biere-aromatisee-5-9-1-2l/p-462923
Cidre
https://pymautourdumonde.fr/weekend-famille-normandie-rouen/
http://www.dessauces.com/sauce-au-cidre/
http://www.cidresdefrance.fr/cidres-deguster/comment-deguster-cidre/recettes-cocktails/67-blanquette-de-saumon-au-cidre-et-a-la-moutarde.html
https://www.lepoint.fr/gastronomie/chandeleur-salees-ou-sucrees-a-chaque-crepe-son-cidre-21-01-2019-2287444_82.php
http://www.cidre-calvados-pommeau.fr/fr/vente-cidre-normandie/10-vente-carton-cidre-de-normandie-fermier-brut.html
Eau de vie alsacienne
https://shop.winternationalway.com/product/fraise-candonga/
http://www.cherry-rocher.fr/fr/entreprise/verger/framboise/
http://www.vegafruits.fr/fruits-frais/mirabelle-de-lorraine-igp/
http://jardiner-en-ligne.fr/pruniers/148-quetsche-d-alsace.html
http://la-gazette-de-la-dame-blanche.eklablog.com/le-cassis-a100037774
http://www.agrimaroc.ma/fiche-technique-culture-myrtille-maroc/
https://www.grandfrais.com/fruits-et-legumes/coing/produit-117.html
D'autres eaux de vie
https://www.justebien.fr/ambre/
https://madeincalvados.com/calvados-2-a-5-ans-d-age/produit-228-calvados-jeune-2-ans-aoc-calvados.html
https://boutique.maisondelavigneetdessaveurs.com/cognac-xo/1271-cognac-xo-70-cl-bouteille-petite-champagne.html
https://www.wine-searcher.com/find/claverie+dom+baraillon+vintage+bas+armagnac+france
https://wikivisually.com/wiki/Cognac
https://www.whisky.fr/pere-labat-8-ans.html
http://www.softdrink-paris.com/home/52-la-martiniquaise-20-cl-.html
https://www.people-bokay.com/poursuivre-la-redynamisation-de-la-filiere-canne-sucre-rhum/
http://www.coteaux-nantais.com/fr/fruits/poires-bio/poire-williams
Quiz
https://www.cdiscount.com/vin-champagne/digestifs/eau-de-vie-de-framboise-gisselbrecht/f-1293706-gisselframb.html
https://www.cdiscount.com/vin-champagne/digestifs/eau-de-vie-mirabelle-st-arbogast-40deg-70cl/f-1293706-m510095.html
http://www.andre-scherer.com/eau-de-vie-alsace-quetsch-grande-reserve-37.htm

Références photos Annexes

Blé : https://www.mycosmetik.fr/img/cms/hv/huile-vegetale-germe-de-ble.jpg
Maïs : https://www.geantvert.fr/nos-engagements-le-mais/
Orge : http://perdiguier-fourrages.fr/cereales.html
Colza : https://www.terresoleopro.com/nos-produits/recettes-astuces/gateau-aux-cerises-et-a-la-vanille-a-lhuile-de-colza
Tournesol : http://www.vetillard-fleurs.fr/boutique/fleur-a-la-piece/tournesol
Moutarde : https://images.ricardocuisine.com/services/recipes/500x675_3467.jpg
Petits pois : https://www.cuisinealafrancaise.com/fr/produits/primeurs-legumes/legumineuses/petits-pois
Chou : https://www.cuisinealafrancaise.com/fr/recettes/legumes/embeurree-de-choux
Chou blanc : https://www.academiedugout.fr/ingredients/chou-blanc_680
Mirabelle : http://www.boutique-cherry-rocher.com/eau-de-vie-de-fruits/123-eau-de-vie-de-mirabelle.html
Canard : https://fr.dreamstime.com/photos-libres-droits-canard-femelle-colvert-image16724208
Oie : https://www.istockphoto.com/be/photo/oie-blanche-isol%C3%A9-sur-fond-blanc-gm645350524-116997737
Poule : https://fr.dreamstime.com/photo-stock-poule-brown-d-isolement-fond-blanc-image77628854
Vache vosgienne : https://www.alamyimages.fr/photo-image-lelevage-du-betail-vache-vosgienne-photo-qui-peuvent-etre-decoupees-125882570.html
Cochon : https://fr.depositphotos.com/9521305/stock-photo-pig-on-a-white-background.html
Cheval : https://fr.dreamstime.com/illustration-stock-cheval-baie-fond-blanc-image91985901
Foie gras : https://fr.wikipedia.org/wiki/Foie_gras
Charcuterie : http://www.1zoom.me/fr/wallpaper/526180/z15928/3840x2160
Munster : https://www.alamyimages.fr/morceau-de-fromage-munster-traditionnel-francais-et-une-tranche-isole-sur-fond-blanc-image220822576.html
Vin Alsace : https://www.cave-beblenheim.com/produit/pinot-blanc-alsace-2013-tradition/
Bière : https://barcodes.fr/collections/biere
Pain d'épices : https://patatietpatata.fr/pain-depices-0500kg/
Vigne : https://stock.adobe.com/lu_fr/images/vigne-et-grappes-de-raisins-sur-fond-blanc/91918680
Piment d'Espelette : https://www.sauce-piquante.fr/content/18-encyclopedie-des-piments
Fraise : https://fr.wikipedia.org/wiki/Fraise
Melon : https://www.graines-baumaux.fr/170891-melon-f1-melgic.html

Noix : https://www.lesfruitsetlegumesfrais.com/fruits-legumes/fruits-a-coque/noix/nutritions-et-bienfaits
Raisin noir : http://www.bordyfrais.fr/fruits/498-raisin-noir-.html
Prune : http://lesvergersdebeaudignies.com/
Kiwi : https://www.marmiton.org/ingredients/fruits_kiwi.aspx
Châtaigne : http://www.biogourmand.info/index.php/2012/02/19/353-chataignes
Huitre creuse : https://www.fruitsdelamer.com/coquillages/huitres-creuses/
Cèpe : https://www.lesfruitsetlegumesfrais.com/fruits-legumes/champignons/cepe/carte-identite
Jambon cru : http://www.boucherie-des-alouettes.fr/JAMBON-DE-PAYS
Fromage de brebis : https://www.lesjardinsdecouleau.com/produit/fromage-brebis-au-lait-de-brebis/
Fromage de chèvre : https://lecababio.fr/produits-laitiers-fromage/2401-fromage-de-chevre-frais-bio-d-etiennette-2017000003748.html
Vin de Bordeaux : https://www.avenuedesvins.fr/fr/vin-aoc-bordeaux-superieur-bordeaux-superieur-2688.html
Cognac : http://www.boutique-cherry-rocher.com/selection-premium/140-cognac-xo.html
Armagnac : http://www.domainesdusudouest.com/armagnacs-tenareze/417-armagnac-domaine-de-cassaigne-hors-d-age-18-ans.html
Izarra : https://www.arosteguy.com/spiritueux/347-liqueur-izarra-verte.html
Pruneau : https://universdeschefs.fr/fruits-secs-ou-deshydrates/980-pruneaux-d-agen-denoyautes.html
Blonde d'Aquitaine : http://www.blondegenetique.fr/site-upra--fr-/la-blonde-d-aquitaine/standard-et-selection/objectifs-de-selection-476.aspx
Mouton : https://www.mutengstore.com/index.php?main_page=product_info&products_id=334695
Chèvre : https://www.ventedefromage.fr/les-fromages-de-chevre-c102x1711485
Brebis : https://www.ventedefromage.fr/Files/81953/Img/08/animal-brebis.jpg
Porc gascon : https://www.leporc.com/le-porc/histoire-et-races.html
Raisin sauternes : https://blog.worldgrandscrus.com/fr/quest-ce-que-le-botrytis-cinerea/
Sauternes : https://www.labouteilledoree.com/sauternes/3830-chateau-d-yquem-sauternes-premier-cru-superieur-1967.html
Garbure : https://www.marmiton.org/recettes/recette_garbure-bearnaise_19261.aspx
Fond de carte France : http://eduscol.education.fr/histoire-geographie/enseigner/ressources-et-usages-numeriques/ressources-numeriques/fonds-de-carte.html
Pomme de terre : https://www.lesfruitsetlegumesfrais.com/fruits-legumes/pommes-de-terre/pomme-de-terre/carte-identite
Chou-fleur : https://www.auchan.fr/courses
Pomme : http://www.coteaux-nantais.com/fr/fruits/pommes-bio/pomme-royal-gala
Lapin : https://www.chamblyveterinaire.com/guides-de-soins/lapins/
Brebis : https://www.alimentarium.org/fr/savoir/brebis
Sole : https://wwz.ifremer.fr/peche/Le-monde-de-la-peche/Les-ressources/Lesquelles/Poissons/Osseux/Soles
Limande : https://www.biendecheznous.be/poisson/poissons/la-limande
Homard : https://wwz.ifremer.fr/peche/Le-monde-de-la-peche/Les-ressources/Lesquelles/Crustaces/Homard
Tourteau : https://wwz.ifremer.fr/peche/Le-monde-de-la-peche/Les-ressources/Lesquelles/Crustaces/Tourteau
Moule : https://www.fruitsdelamer.com/coquillages/moules/
Bar : http://www.marseille-sympa.com/loup.html
Beurre : https://www.lebabi.net/actualite/le-beurre-n-est-pas-si-mauvais-pour-la-sante-40500.html
Biscuits : https://www.marmiton.org/recettes/recette_sables-bretons_336373.aspx
Pâté : http://www.produitenbretagne.bzh/catalogue/produits-alimentaires/1930-pate-de-campagne-breton-igp
Rillettes : https://www.gourming.eu/p/terre-and-mer/charcuterie-2/pates-rillettes-and-terrines-2/rillettes-du-mans-pasteurisees-terrine-1kg
Caramel : https://divinobox.fr/boutique/caramel-beurre-sale-abbaye-landevennec/
Cidre : https://www.cdiscount.com/vin-champagne/bieres-et-aperitifs/kerisac-cidre-brut-alc-4-5-vol-75cl/f-1293802-auc3260421312756.html
Calvados : https://www.nicolas.com/en/Liquors/Fine-Calvados-Coquerel/p/054266.html
Camembert : https://www.ventedefromage.fr/camembert-de-normandie-c2x12929830
Tarte aux pommes: https://confituredelice.com/recette/tarte-normande-aux-pommes-caramelisees/
Champs d'artichauts : https://www.cuisinons-les-legumes.com/et-voici-sa-majeste-lartichaut-de-bretagne/
Crêpes : https://www.marmiton.org/recettes/recette_pate-a-crepes_12372.aspx
Galettes Bretonne : https://www.marmiton.org/recettes/recette_pate-a-crepes_12372.aspx
Far Breton : https://gateaux-et-delices.com/far-breton-facile/
Crevette : https://www.amehasle.com/produits-de-la-mer/crustaces/1040-crevette-vivante-bouquet.html
Langoustine : https://www.fruitsdelamer.com/crustaces/langoustine/
Oursin : https://coquillage-aixenprovence.fr/produit/oursin-a-la-piece/
Olive : https://www.mycosmetik.fr/huiles-vegetales/39-huile-vegetale-olive.html
Amande : https://www.ateliermarie.fr/boutique/bougies/amande/
Lavande : https://dockdesepices.com/fleurs/31-fleurs-de-lavande.html
Romarin : https://www.pepinieres-naudet.com/boutique/aromates/187-romarin-rosmarinus-officinalis--3546868965725.html
Thym : https://www.pepinieres-naudet.com/boutique/aromates/237-thym-thymus-officinalis--3546868965435.html
Tomate : https://fr.wikipedia.org/wiki/Fichier:Tomato-global.png
Courgette : https://gourmand.viepratique.fr/dossiers/cuisine-legere/30-succulentes-recettes-a-de-300-calories/la-courgette-latout-minceur-23290.html
Ail : http://www.4vaulx-jardin.com/produit/ail-sec/
Riz : http://chevaliersdelolivier-lr.fr/Arles-2014.html
Huitre plate : http://www.huitre.com/les-huitres/les-varietes
Buche de chèvre : https://lefromage.fr/it/formaggi/capra/99/buche-de-peymeinade-di-fattoria-detail
Calisson d'Aix : https://www.60millions-mag.com/2017/12/19/calissons-d-aix-la-qualite-menacee-11503
Pastis Ricard : https://www.amazon.fr/Ricard-Pastis-Marseille-100 cl/dp/B005HU1ND6
Huile d'olive : http://localdugourmet.com/events/huiles-dolive/
Nougat : https://www.joursheureux.fr/p/les-nougats-de-montelimar-sans-gluten-2770013.html
Collioure : http://www.collioure.fr/fr/commerces/marches
Bouillabaisse : https://www.pavillonfrance.fr/recettes/grands-classiques/bouillabaisse-0
Pissaladière : https://www.cuisineactuelle.fr/recettes/la-vraie-pissaladiere-nicoise-292644
Trèfle : https://www.art-deco-stickers.fr/affiches-posters-nature/5310-affiche-poster-trefle-a-4-feuilles.html
Épicéa : https://www.rustica.fr/articles-jardin/epicea-commun-picea-abies,8411.html
Arbres divers : http://raymichemin.canalblog.com/archives/p1185-5.html
Vaches diverses : https://www.larousse.fr/encyclopedie/divers/vache/100544
Abeille : https://www.farmili.com/blog/therese-labeille-allergique-au-pollen/
Miel : https://www.citadelle-camp.coop/fr/miel/le-miel
Vin du juras : http://www.vin-vigne.com/vin/vin-cotes-du-jura-blanc.html
Raisin blanc : https://www.supermarchesmatchdrive.fr/fr_fr/s/meaux/p/raisin-blanc-fr.html
Viande de boucherie : https://www.la-viande.fr/nutrition-sante/place-viande-dans-votre-alimentation/definitions-viandes
Charcuteries de montagnes : https://www.auvergnevacances.com/ou-dormir-ou-manger/les-produits-du-terroir/les-produits-emblematiques/les-charcuteries-de-montagne/
Luzerne : https://www.creapharma.ch/luzerne.htm
Herbe : http://www.naturelio.com/fr/superfruits/175-poudre-d-herbe-d-orge-bio-200-gr.html
Lait : https://www.lessentieldejulien.com/2015/01/les-bienfaits-du-lait-d-anesse/
Emmental : https://www.regal.fr/produits/regionaux/fondamental-emmental-6285
Tome de Savoie : https://www.miamtag.com/produit/5610/tomme-de-savoie-fermiere-environ-200-g
Rosé de Provence : https://drizly.com/wine/proprietary-other-blend/champs-de-provence-rose/p65534
Château neuf : https://www.wine-searcher.com/find/ogier+heritage+chateauneuf+du+pape+rhone+france/2016
Salers : https://france3-regions.francetvinfo.fr/auvergne-rhone-alpes/cantal/fromage-salers-tradition-joyau-du-cantal-1295757.html
Fromage de Salers : http://www.fromages-aop-auvergne.com/nos-appellations/aop-salers/
Vin jaune : https://www.lesgrappes.com/magazine/le-vin-pour-les-nuls/quest-ce-que-le-vin-jaune
Tartiflette : https://www.marieclaire.fr/cuisine/tartiflette,1199292.asp
Escargot de Bourgogne : http://www.commentfaiton.com/fiche/voir/360696/comment-amenager-sa-boite-pour-escargots
Andouillette : https://www.cuisinealafrancaise.com/fr/produits/boucherie-charcuterie/charcuterie-terrines-pates/andouillette
Taureau charolais : https://www.larousse.fr/encyclopedie/images/Taureau_de_la_race_charolaise/1000928
Chèvre : https://www.larousse.fr/encyclopedie/rechercher?q=race&t=medias&p=2

Poule de Bresse : https://www.larousse.fr/encyclopedie/rechercher?q=la+poule&t=medias
Cassis : http://www.boutique-cherry-rocher.com/creme-allegee/115-creme-de-cassis-zero-sucre-50cl.html
Cerise : https://www.aroma-zone.com/info/fiche-technique/fragrance-cosmetique-naturelle-cerise-exquise-aroma-zone
Viande : https://www.mabonneviande.com/france/429-cote-de-boeuf-race-viande-sud-ouest-france.html
Jambon sec : https://www.agour.com/fr/produit/jambon-sec-avec-os/
Epoisses : https://etregourmand.com/fr/produits/epoisses-aop
Brochet : http://www.pecherie-parpillon.fr/nos-poissons-frais/brochet-lac-du-bourget/
Truffe : https://truffes-du-terroir.com/accueil/29-67-truffe-blanche-d-ete-tuber-aestivum.html
Anis de Flavigny : https://www.truffaut.com/produit/bonbon-anis-de-flavigny-boite-ovale-50g-a-l-anis-bio/56902/25352
Escargot de bourgogne : https://www.lescasserolesduchef.fr/escargot-de-bourgogne-x12-xml-378_396-1172.html
Moutarde de Dijon : https://www.youtube.com/watch?v=9smvF8pRf9M
Moutarde Fallot : http://www.gourmandsdantan.fr/product.php?id_product=584
Assiette huitre : https://foodlavie.com/recettes/huitres-pochees-fourrees-et-chantilly-au-wasabi
Vignoble bourgogne : http://www.sommeliers-international.com/fr/nos-dossiers/le-vignoble-de-bourgogne-et-ses-climats
Bouteille bourgogne : https://www.avenuedesvins.fr/fr/vin-aoc-bourgogne-bourgogne-pinot-noir-7135.html
Coq au vin : https://www.foodandwine.com/recipes/coq-au-vin
Grenouille verte : http://www.seveilleretsepanouirdemaniereraisonnee.com/2016/08/conte-inspirant-la-grenouille-qui-etait-sourde.html
Reblochon : http://fromagerie-lechatbo.fr/fromage-au-lait-de-vache/194-961-petit-reblochon-fruitier.html
Choux fleur : https://pixabay.com/fr/photos/chou-fleur-chou-fleur-roses-2534064/
Piment rouge : https://fr.pngtree.com/so/piments-frais
Vache blanc bleue : http://jerome.tarroux.pagesperso-orange.fr/laitieres1/blancbleubelge.htm
Plie : https://wwz.ifremer.fr/peche/Le-monde-de-la-peche/Les-ressources/Lesquelles/Poissons/Osseux/Plies
Turbot : https://wwz.ifremer.fr/peche/Le-monde-de-la-peche/Les-ressources/Lesquelles/Poissons/Osseux/Turbot
Cabillaud : https://wwz.ifremer.fr/peche/Archives/Quotas/Cabillaud
Morue : https://wwz.ifremer.fr/peche/Le-monde-de-la-peche/Les-ressources/Lesquelles/Poissons/Osseux/Morue
Merlan : https://wwz.ifremer.fr/peche/Le-monde-de-la-peche/Les-ressources/Lesquelles/Poissons/Osseux/Merlan
Piment rouge : http://www.hortitecnews.com/le-piment-votre-principal-remede-contre-le-surpoids/
Betterave : https://www.lesfruitsetlegumesfrais.com/fruits-legumes/legumes-racines-tubercules-et-tiges/betterave/bien-cuisiner
Endive : https://www.lesfruitsetlegumesfrais.com/fruits-legumes/salades/endive/carte-identite
Choux de Bruxelles : https://www.lesfruitsetlegumesfrais.com/fruits-legumes/choux/choux-de-bruxelles/carte-identite
Oignon : https://www.lesfruitsetlegumesfrais.com/fruits-legumes/legumes-racines-tubercules-et-tiges/oignon/carte-identite
Poireau : https://www.lesfruitsetlegumesfrais.com/fruits-legumes/legumes-feuilles/poireau/carte-identite
Groseille : https://www.miamtag.com/produit/4720/barquette-de-groseilles-environ-125-g
Rhubarbe : https://cuisine.journaldesfemmes.fr/encyclopedie-produits/1957576-rhubarbe/
Salicorne : https://www.saveol.com/fr/nos-produits/salicorne.html
Maroilles : http://le-chat-et-la-marmotte.over-blog.com/2015/08/escalopes-de-porc-au-maroilles.html
Jeanlain : http://www.bordyfrais.fr/boissons/1615-jenlain-ambree-75-cl.html
Pelforth : https://souriredessaveurs.com/fr/1595-biere-pelforth-brune-francaise-65-25-cl.html
Chicoré Leroux : https://www.france-export-fv.com/Chicoree-Leroux-500-gr
Genièvre : http://technobacpro.over-blog.com/article-le-gin-en-cours-de-realisation-88624873.html
Hareng : https://fr.fotolia.com/tag/%22sprats%20fum%C3%A9s%22
Confiture de groseilles : http://www.domaine-de-montcy.com/?product=confiture-extra-de-fraise-de-groseille
https://www.carrefour.fr/p/gelee-groseilles-bonne-maman-3045320001679
Confiture de rhubarbe : https://www.bonnemaman.ch/fr/catalogue-confitures-tradition-rhubarbe-370-g-c1-t1-p8.php
Chicoré : http://larodz.chez-alice.fr/plantes/chicoree.html
Chicoré café : https://www.femmeactuelle.fr/sante/medecine-douce/vertus-sante-de-la-chicoree-44371
Vache limousine : https://www.larousse.fr/encyclopedie/images/Vache_de_la_race_limousine/1001543
Crocus à safran : https://www.rustica.fr/tv/cultiver-safran-france,8050.html
Sucrine du Berry : https://www.promessedefleurs.com/potager/graines-potageres/graines-de-courges/courge-sucrine-du-berry-cucurbita-moschata.html
Asperge : http://ototbio.com/produit/asperge/
Perdrix : https://www.larousse.fr/encyclopedie/divers/perdrix/78340 http://www.oiseau-libre.net/Oiseaux/Especes/index.html
Faisan : http://www.oiseau-libre.net/Oiseaux/Especes/Faisan-de-colchide.html
Bécasse : https://www.chassepassion.net/actualite-de-la-chasse/chasse-petit-gibier-deau/becasse-bonne-saison-chasse-prevision/attachment/migration-becasse-2017-2018/
https://chasse-a-la-becasse.skyrock.com/1720934724-becasse-au-vol.html
Lièvre : https://www.salamandre.net/article/combats-de-lievres/
Lapin de garenne : https://fr.wiktionary.org/wiki/lapin_de_garenne
Sanglier : https://www.istockphoto.com/fr/photos/sanglier?sort=mostpopular&mediatype=photography&phrase=sanglier
Canard sauvage : https://www.matelma.com/be-fr/shop/produit/4665/acheter-un-canard-sauvage-en-bois-oiseau-decoratif
Oie sauvage : https://www.fermedebeaumont.com/sauvage-resine-p-9187.html
Pigeon : http://www.oiseau-libre.net/Oiseaux/Especes/Pigeon-ramier.html
Carpe : http://www.ecoledepeche.be/Fr/La-carpe-commune_291_0.html
Truite : https://fr.wikipedia.org/wiki/Salmo_trutta
Perche : http://www.ecoledepeche.be/Fr/La-perche_296_0.html
Silure : http://www.tiensetc.org/un-danger-le-silure-glane-a48257113
Brochet : https://fr.wikipedia.org/wiki/Grand_brochet
Anguille : http://www.fmps.org.ma/eau-douce/anguille/
Sandre : http://www.ecoledepeche.be/Fr/Le-sandre_299_0.html
Rillettes de carpe : https://www.grenierdemarieetanais.com/product-page/rillettes-de-carpe-%C3%A0-la-chambord
Pâté de cul noir : http://www.culnoirlimousin.fr/gallery/pate-de-tete-de-cul-noir-limousin/
Vin de Touraine : https://fr.grandescavesstroch.com/vin/aop-touraine-gamay-marcel-martin-2017,39.html
Galettes briarde : https://www.deslischocolat.com/fr/biscuits-flore-cocardon/19galettes-briardes-nature.html
Vin de Saumure : https://www.saq.com/page/fr/saqcom/vin-blanc/louis-roche-saumur-2017/918243
Vignoble val de Loire : https://www.my-loire-valley.com/2013/06/vins-val-de-loire-appellations/
Vin de Touraine : https://www.saq.com/page/fr/saqcom/vin-rouge/domaine-de-la-charmoise-touraine-gamay-2018/329532
Muscadet : https://www.toupargel.fr/18496-vin-blanc-muscadet-sevre-et-maine-sur-lie-aoc-domaine-de-la-bretonniere-75-cl.html
Vin d'Anjou : https://www.cdiscount.com/vin-champagne/vin-rose/cabernet-d-anjou-11-5/f-1293608-clu3222471125205.html
Culotte à la beauceronne : https://www.avosassiettes.fr/culotte-de-boeuf-a-la-beauceronne/
Vache brune des alpes : https://www.la-viande.fr/animal-elevage/boeuf/races-bovines/suisse/brune-alpes
Navet de Bussy : https://www.reussir.fr/fruits-legumes/la-boulette-de-bussy-un-navet-legerement-sucre
Carotte : https://www.lesfruitsetlegumesfrais.com/fruits-legumes/legumes-racines-tubercules-et-tiges/carotte/carte-identite
Echalote grise : https://boblechef.com/tag/echalote-grise
Pied bleu : https://fr.wikipedia.org/wiki/Pied_bleu
Pied de mouton : https://viagallica.com/f/pied_de_mouton.htm
Morille : https://www.salamandre.net/article/delice-des-bois/
Pleurote : http://marcdelage.unblog.fr/2011/09/11/le-pleurote-champignon/
Cerf : https://www.zoodyssee.fr/decouvrir-le-parc/animaux/mammiferes/cerf-elaphe/
Caille : https://www.barfdiscount.fr/accueil/79-cailles-sans-plumes-grosses.html
Grive : https://www.birdinginextremadura.com/viajar/birding/fr/extremadura-aves/lista-de-especies/
Saumon : https://www1.gnb.ca/cnb/imagebank/display-f.asp?imageID=4836&version=f
Alose : https://pnr.parc-marais-poitevin.fr/les-premieres-aloses-sont-arrivees
Écrevisse: https://www.24heures.ch/series-ete/ecrevisse-homard-lac/story/21704452
Andouillette : https://boutique.maison-vaux.com/andouillettes-gourmet-de-france,fr,4,AND.cfm
Boudin blanc : http://courses.carrefour.fr/drive/nouveautes/tous-les-rayons/boudin-blanc-de-rethel-truffe-1-/PID1/123616/800234/2
Paté des ardennes : http://www.pypromos.com/promos/e-leclerc/frais/757601290/pate-ardennais-prunier

Biscuit rose : http://www.andreclaude.fr/web/index.php/produit/biscuits-rose-le-sachet/
Biscuit rose sachet : https://www.gallissimo.shop/fr/121_fossier
Vinaigre de reims : https://www.gourmet-versand.com/fr/article1340/vinaigre-de-reims-vinaigre-de-champagne-fabrique-a-partir-de-raisins-de-champagne-7-prozent-dacide-soripa-1-l.html
Langres : http://www.bien-manger-selon-les-saisons.com/produits-de-saison/fiche-fromage.php?id_fromages=8
Chaource : http://jaimelafrance.tourisme.fr/le-chaource-tresor-cremeux/
Champagne : https://www.champmarket.com/veuve-clicquot-brut-carte-jaune.html
Boudin blanc de Rethel : https://vaya.in/recipes/details/boudin-blanc-de-rethel-recipe/
Andouillette de Troyes : https://www.thiriet.com/produits/selection_du_mois/4_veritables_andouillettes_de_troyes_bouts_coupes,163,1139.html?&args=Y29tcF9pZD0xNTUmYWN0aW9uPWZpY2hlJmlkPSZ8&vars=ZmFtaWxsZV9vZmZyZT0xJnByb2R1aXRfaWQ9ODcwMTUmZnJvbV9jcm9zc19zZWxsaW5nPTA%3D
Ecrevisse à la nage : https://www.marieclaire.fr/cuisine/ecrevisses-a-la-nage,1202002.asp
Chaource : https://www.francebleu.fr/infos/faits-divers-justice/p-c-les-fromages-de-l-yonne-sont-ils-connus-1553625045
Cacasse : https://www.cc-cuisine.com/2014/03/cacasse-cul-nu.html
Truite qui saute : https://mairie-ingwiller.eu/event/assemblee-generale-de-lassociation-de-peche/
Girolle : https://fr.123rf.com/photo_66837183_chanterelle-or-girolle-mushrooms-cantharellus-cibarius-clippng-path.html
Bidaou : https://viagallica.com/f/tricholome_equestre.htm
Table avec champagne : https://www.bedbathntable.com.au/champagne-buckets
Pastizzu : http://acasaluna.com/la-recette-du-pastizzu-corse/
Agrumes : http://lifelonghealthclub.blogspot.com/2012/
Mouflon Corse : http://www.ateliermagique.com/fr/julien-vergne/galerie/mouflon-corse-male.html
Fromage Corse : https://www.lacremerieroyale.fr/product/tomme-corsoise
Chalutier : https://www.cdiscount.com/juniors/maquette-modelisme/maquette-en-bois/f-1208402-hab8421426205060.html
Charcuterie Corse : https://www.bienmanger.com/1F34259_Lot_Charcuterie_Corse.html
Vin Corse : https://www.calais-vins.com/corse/1442-comte-peraldi-vin-corse-ajaccio-rose-2012.html
Canne à sucre : https://pinetteemidecau.eu/fr/autres-industries/canne-a-sucre-analyse-teneur-en-sucre
Patate : http://cad.gp/boutique/fruits-legumes/patate-douce-guadeloupe-le-kg/
Avocat : https://www.gerbeaud.com/fruit-legume-de-saison/avocat-fruit.php
Corbeille de fruits : https://tous-les-fruits.com/index-fruits-exotiques/
Gombo : http://www.angkor-store.com/shop/fr/fruits-et-legumes-frais/23970-gombo-a-la-pesee.html
Plan de café : https://chiccodoro.com/lang-fr/monde-du-cafe/plante/
Gousse de cacao : https://fr.freepik.com/photos-vecteurs-libre/theobroma
Muscade : https://fr.freepik.com/search?dates=any&format=search&page=1&query=muscade&selection=1&sort=popular&type=photo
Poivre : https://fr.freepik.com/search?dates=any&format=search&page=1&query=poivre&selection=1&sort=popular&type=photo
Curcuma : https://fr.freepik.com/search?dates=any&format=search&page=1&query=curcuma&selection=1&sort=popular&type=photo
Vanille : https://fr.freepik.com/search?dates=any&format=search&page=1&query=vanille&selection=1&sort=popular&type=photo
Jus de fruit : https://fr.freepik.com/search?dates=any&format=search&page=2&query=jus+de+fruit+exotique&selection=1&sort=popular&type=photo
Arôme vanille : https://www.neroliane.com/arome-alimentaire-naturel-vanille.html
Huile essentielle : https://www.huiles-et-sens.com/fr/4-huile-essentielle-citron.html#/2-conditionnement-15_ml
Bouteille de rhum : https://www.punch-et-cocktail.com/bouteille-rhum-la-mauny-70cl-50.html
Tasse de café : https://www.annexe-pizza.com/produit/cafe/
Rhum et punch : https://www.isautier.com/
Canne à sucre : https://fr.freepik.com/search?dates=any&format=search&page=1&query=canne%20%C3%A0%20sucre&selection=1&sort=popular&type=photo
Acras : https://www.cuisineaz.com/recettes/accras-de-morue-de-catharina-8750.aspx
Rougaille saucisse : http://www.snapulk.fr/2017/02/rougail-saucisses.html
Migliacci : https://www.fourchette-et-bikini.fr/recettes/recettes-minceur/migliacci-pain-corse-au-fromage.html
Plan de vanille : https://jardinage.ooreka.fr/plante/voir/2113/vanillier
Galette des rois : https://fr.freepik.com/search?dates=any&format=search&page=1&query=galette%20des%20rois&selection=1&sort=popular&type=photo
Gâteau des rois : https://fr.freepik.com/search?dates=any&format=search&page=1&query=gateau%20des%20rois&selection=1&sort=popular&type=photo
Crêpes : https://thumb7.shutterstock.com/thumb_large/438409/88414846/stock-photo-pancake-pile-88414846.jpg
Agneau : https://www.cuisinealafrancaise.com/fr/produits/boucherie-charcuterie/viandes/agneau
Dinde entière : https://www.saint-vincentbio.com/viandes-biologiques/specialites-des-fetes/dinde-entiere/
Repas du réveillon : https://cuisine-maison-comme-autrefois.blogspot.com/2014/12/idees-de-menus-et-recettes-pour-le.html
faire sauter des crêpes : https://www.e-sante.fr/chandeleur-rituels-crepes/blog/416
Dinde aux marrons : https://www.toques2cuisine.com/2011/12/dinde-aux-marrons.html
Bûche de noël : https://www.cuisineactuelle.fr/recettes/buche-de-noel-a-la-creme-au-beurre-295322
Agneau gigot : https://www.magazine-avantages.fr/,gigot-de-7-heures-a-la-cuillere,2300121,12236.asp
Œuf en chocolat : https://www.marlieu.fr/1767-gros-oeuf-choc-lait-friandises.html
Verre de cognac : https://www.baccarat.fr/fr/bar/verres-a-degustation-cocktails/degustation-cognac-verre-MTDEGUGS2.html
Haricot blanc : https://www.academiedugout.fr/ingredients/haricot-blanc_395
Zeste de citron : https://www.plus-saine-la-vie.com/beaute/10-utilisations-du-zeste-de-citron-que-vous-ne-savez-peut-etre-pas/
Buche de noël (2) : http://www.momes.net/Recettes/Desserts-et-gouters/Gateaux-et-cakes/La-buche-de-Noel

Trou normand : https://www.marieclaire.fr/,le-trou-normand,20250,703.asp